学術論文の技法

【新訂版】

斉藤 孝・西岡達裕 著

日本エディタースクール出版部

新訂版まえがき

この書物の初版は、一九七七年八月に刊行されました。その後、一九八八年に増補版が出され、次いで一九九八年一月に第二版が発行されました。初版を刊行してから四半世紀が経過したことになります。この間、この書物をめぐる環境はいちじるしく変化しました。初版が出た頃は、論文は原稿用紙に万年筆・ペンないしボールペンによる手書きの（場合によっては活字印刷の）ものでありました。この書物はそのような手書き論文の手ほどきでありました。しかし、その後、ワープロ（ワード・プロセッサ）の実用化、さらにパソコン（パーソナル・コンピュータ）の普及によって、今では論文とは手書きではなくて印刷（プリント）したものが常識となっております。以前は、教室で慌ただしくしたためた答案のような殴り書きの論文を読まなければならなかった教師は安堵の声を漏らしたことでありましょう。しかし、印刷技術だけの進化の産物であるワープロは次第に需要が衰え、現在では市場から駆逐されております。

現在、パソコンによる情報処理教育は中等教育だけでなく、初等教育でも採り入れられています。その意味で今日論文の書き方を問題とするならば、パソコンの使用法が書かるべきとなっています。パソコンは単に印刷技術の上で便利な道具であるだけでなく、広く情報の探索・整理・保存などの面で画期的な発明であります。この書物は、もともと文章の書き方だけでなく、広く論文の準備から完成までの過程を伝えようとしてきたのですから、パソコンの一機能であるインターネットの利用はこの書物の狙いと共通します。ここに新訂版を出すことにしました。

新訂版では、学生時代からパソコンに親しんできた西岡達裕が参加して、全編の改訂増補に従事しました。西岡は、ほかにインターネットの学術利用に関する著作もあり、学術論文の作法についてこの書物に参加する資格が認められると自負しています。

インターネットが論文の作成に貢献していることには誰しも認めるところでしょう。しかし同時に、インターネットに頼ることの弊害も指摘されています。それはインターネットの罪ではなくて、むしろインターネットを利用する側の倫理的問題であるのです。教室で試験を受ける場合、他人の答案や本やノートをこっそり盗み見たりすることをカンニングといいます。盗み見ではなく、他人からひそかに解答を教えてもらっても同罪であると言えます。教室ではなく自宅で書くレポートにしても、他人の著書から丸写しにして提出すれば、これまた同様であります。これらが倫理的非難に値するのは、本人が努力して解答に達したのではなくて、他人の成果の横取りであるからです。同様のことは、インターネットの利用についても指摘できます。自分が取り組むテーマについてインターネットで呼び出す。それが自分のテーマと合致ないし類似したものであれば、インターネット上の論文をコピーして、あたかも自分が書いたもののように提出する、いわば論文の盗作・剽窃が最近の大学などで横行しているのです。これらはカンニングと同様に倫理上の問題であります。自分の研究の成果ではなくて、他人の労作の盗み取りであるからです。この書物では、そのような問題についても触れたつもりです。

この書物を利用した人が良い論文を書かれることが著者二人の切なる望みであります。本書の附録の「文献をさがすためのオンライン情報」は学習院女子大学図書館の甲斐静子さんを、「文献をさがすための文献一覧」は書誌研究家の大久保久雄氏を煩わせました。新訂について日本エディタースクール出版部の外池孝男氏に一方ならぬお世話になりました。厚くお礼を申し上げます。

二〇〇五年一月

斉藤　孝
西岡達裕

初版まえがき

この小さい書物は、主に人文科学・社会科学の分野で、学術論文（大学の卒業論文・修士論文・博士論文など）を書こうとする人びとのために書かれたものであります。今日、この分野で研究を進めている若い学徒の数は実に多いのですが、論文執筆のために実際的な手引きとなる書物は意外に少ないようです。また、大学教育でも論文作成の技術についての具体的な指導は不足していると思われます。

もとより、学術論文とは、その形式をも含めて、一人一人の研究者の創意工夫の産物であるべきですから、学術論文の型に唯一の絶対的な決まりがあるわけではありません。要するに、内容が大切なのです。しかし、日本の学界には慣行として成立している論文の約束があり、そのような約束を無視して論文を書くことは無謀といってもよく、また非能率的でもあります。科学においては学術用語というものが、その意味と適用の範囲において、一定の約束を持っております。そこで、その約束を理解し習得することによって、研究を一層進めることができるのです。同じように、学術論文の作成技法についても、最小限のルールに従うことによって、研究の努力が表現され、さらに学問的交流のための手段を見出すことができるのです。学術研究の成果のかなりの部分が論文という形式でまとめられ、公表されるという慣行が近い将来に消滅するということはないであろうと思います。優れた研究が適切な表現形式を見出さないままに、埋もれてしまうことは実際には多いのです。独創的な発見にしても、論文としての体裁の上であまりに稚拙であるために、学問的な説得力を自ら減殺している例は少なくありません。

私自身がこれまでに優れた論文を書いてきたわけではありません。自分の専門について論文めいたものを書き始めたころは、全く暗中模索でありました。つまらないことを臆面もなく先生や先輩に質問したり、先学の論文のスタイルを模倣したりして、何とか体裁をつくろってきました。そのような私に、論文の書き方を指導する資格があろうとは思えませんが、いつの間にか自分が、後進の論文を指導したり審査したりする立場に置かれ、いろいろな論文に接することが多くなりました。そのような経験を重ねるうちに、論文のルールというものについて私なりの理解が出来上ってきたように思います。私の専門も限られているために、誤りのないようにと考えて、論文の書き方についての先学による幾つかの文献を参照して、この書物が生まれましたが、私の勉強不足のためにまだまだ至らない所が多いことでしょう。読者の皆さんから率直な御批判をいただいて、この小さい書物をこれから成長させて行きたいと願っております。

この小さい書物にも、生まれるまでにそれなりの歴史がありました。十年ほど前、論文の注記の心得といったメモを東京大学大学院社会学研究科の学生に配布したことがありました。また、主に大学院学生諸君を対象として、一九七〇年ごろに何回か話したことが、整理されて「学術論文の技法」という題で『歴史評論』(一九七四年五月号)に掲載され、さらにそれが若干の訂正の上、『歴史科学への道』(校倉書房、一九七六年)上巻に収録されました。また、日本エディタースクールの吉田公彦氏が一九七三年七月のエディタースクール夏期講座に「論文の書き方」と題した四回にわたる講義を行なう機会を与えてくれました。その上、この講義の速記録を全面的に加筆訂正した連載講座「学術論文の技法」は、雑誌『エディター』に一九七六年九月から九回にわたって掲載していただきました。それぞれ私にとっては試行錯誤のようなものでしたが、このような一応の経験を生かしてようやくこの書物を書くことができました。ここに出版に当って、日本エディタースクールの吉田公彦氏、定村質士氏及び外池孝男氏に厚く御礼申し上げます。

この書物の第二章については神奈川大学図書館司書大久保久雄氏の御校閲を仰ぎました。また、巻末の「文献をさがすための文献一覧」は同氏の手に成るものであります。改めて同氏に御礼申し上げる次第であります。

最後に、個人的な回想ですが、私が初めて卒業論文に取りかかったころ、私の幼稚な質問に快く御教示を賜った江口朴郎先生の御好意にこの機に感謝することを許していただきたいと存じます。

一九七七年六月

斉藤　孝

目　次

附録

装本・足立秀夫

学術論文の技法

序章　学術論文とは何か

1　文章の目的

私たちは日本語を話し、日本語によって生活を営んでおります。しかし、考えてみると、私たちが文章を書く機会は、それほど多いものではありません。何らかの目的を持った場合にだけ文章を書くのです。言い換えますと、私たちが文章を書く場合、何らかの目的を持っているのです。そのもっとも明瞭な場合は、手紙でしょう。手紙の場合は、読ませる相手が決まっております。特定の相手に対するコミュニケーションという実にはっきりした目的があります。一方、相手がない文章もあります。たとえば、日記であります。日記は、読ませる相手がいない、あるいは、あるといえば自分である文章であります。後世になって自分の全集が出た場合を予想して、日記をどう書こうかと考える人も作家などにはおりますが、そのような人は一般的にいって、あまり多くないはずです。普通の人は日記を自分のために書いているわけです。よく日記を外国語であるいは外国文字で書く人がいますが、これは日記を家人に読まれないための用心といってよいでしょう。石川啄木の『ローマ字日記』(1)はそのいい例です。日記は自分のために書くものですから、自分でわかればよく、したがって、文章である必要もありません。よく手帖などで用いられるように、自分だけにわかる符牒でも暗号でもよいわけです。

一方、試験の答案というものがあります。これは、どれだけ勉強したかを、授業内容をどれだけ身につけたかを、教師に見せるものであります。あるいは、大学では、答案の形が変ったものとして、レポートというものがあります。レポートとは、いわば家で書いてくる答案で、学校の試験場で書くよりは分量が大きく、いろいろな参考書を読んで書くことができます。レポートはその形式からいうと小論文といってよいのですが、答案であるという意味では、試験場の答案とレポートとは、それほど性質上の違いはありません。要するに、自分が勉強したことを、教師に見せる手紙と考えてよいでしょう。

このように、私たちが文章を書こうとする場合には、何らかの相手を予想して書いているのでありあます。そして、その文章は何らかの目的を持っております。手紙を書く場合には相手に対して、これこれをいいたい、知らせたいという要求があって書くわけです。答案やレポートは、自分の勉強したことについて教師に見てもらい、成績をつけてもらうという試験用の目的があるわけです。

あるいは、たとえば、政治運動のビラや立看板などは、不特定な大衆を相手にするか、あるいは学生だけを相手にして、何らかのアピールないしアジテーション、宣伝をするというはっきりした目標をもって書かれております。ビラとか看板の文章は、人に強くアピールするものでないといけないのです。広告のための文章も同様であります。したがって、長たらしい文章よりも、気のきいた標語やキャッチフレーズの方が有効になるのです。

このようにして、文章とは誰か読者を意識するものであり、ある目的を持っているといえます。また、目的があるような、ないような文章もあります。いわゆる筆の赴くままに書くエッセイないし随筆という類の文章です。これは、誰に読ませようと思って書いているのでもなければ、あるいは誰が読んでもいいというような文章です。日記のように、自分のために書くエッセイもありますが、どちらかといえば、座談のように気楽に読者に語りかけるものが多いようです。

いわゆる総合雑誌などに載っている論文は、学術論文というよりも評論と呼んだ方がよいでしょう。評論に学術的価値が無いという意味ではなく、また、学術論文と見るべき評論もありますが、どちらかといえば、たとえば、今度の国会についてどう考えるか、災害対策や、日本の漁業などについてどう考えるか、というような、何らかの具体的な問題についての意見や主張を述べる言論が評論であります。ある問題について反対なのか賛成なのか、あるいは中立なのかといった、結論を明確にすることが評論の目的であって、結論に到達する研究手続を明らかにする学術論文とはこの点で違います。

普通、日本語で論文と呼ばれるものには、いろいろな種類があります。総合雑誌や新聞に出る評論も論文と呼ばれ、会社の調査室とか研究所などによる、何らかの問題についての現状報告・調査報告なども論文と呼ばれます。また、学術論文と呼ばれるものも、程度によって分けますと、大学の学部卒業の際の卒業論文、さらに大学院の修士論文があり、博士論文があります。また学問の分野によって論文の形に違いがあります。人文科学、社会科学の領域と自然科学の領域とでは博士論文のスタイルに相当の違いがあります。また、学校の制度に関係なく学術雑誌・論集に載せられる研究論文もあります。いずれにしても、学者・研究者ひろく学界を読者として意識して書くものであります。ともかく、自分の論文を、どのような目的で、誰に読んでもらうために書くのかということを十分に認識した上で出発しなければなりません。

論文を読む直接の対象として想定されるのは、その分野および関連分野の研究者である、といってよいでしょう。もとより、専門家でない人が読んではいけないということはありませんが、そのような読者はいわゆる愛好家であってただの素人ではありません。日本では「新書」という形で出されることの多い啓蒙書とか通俗書・普及版などと呼ばれている書物は、一般読者向きに書かれたもので、読みやすくわかりやすいことが身上です。これに対して学術論文は、一般読者に直接訴えるのではなく、学者・専門家に読んでもらうという明確な目的を持っているのです。

2　学術論文の目的と特質

「論文は、それぞれの学問分野で専門の研究者によって書かれるもので、その著者が自分の研究でえた結果を報告し自分の意見をのべたものであり、それによってその学問分野に新知見をもたらすものである。(2)」

論文とは何かについての八杉龍一氏のこの定義は、簡潔で明快であります。しかし、これでは簡単に過ぎるという異議が出るかも知れません。そこで、何が学術論文ではないかという所から説明してみましょう。

便宜のためにアメリカのある学者の説を借用しますと、(3)研究論文といえないのは次のようなものであります。

（一）一冊の書物や、一篇の論文を要約したものは研究論文ではない

たまたま手に入れた一つの材料だけを要約したのでは、その材料を選択した根拠がわかりませんし、したがって材料の比較による自分の判断ということもありません。一つの本を要約したのでは、内容の配列や記述の順序ももとの著者が考えたもので、自分が考えたものではないわけです。

（二）他人の説を無批判に繰り返したものは研究論文ではない

研究の名に値するためには、自分なりの意見というものがなければなりません。結果として、他人の説と同様の結論に達したとしても、そこまでの研究の手続が独自のものであれば他人の説を証明するという形の論文になりますが、単に他人の説を無批判に踏襲するのであれば、大学の試験用のレポートとしては許されるでしょうが、研究とはいえません。

(三) 引用を並べただけでは研究論文ではない

引用ということは論文の中で重要な役割を演じます。しかし、始めから終りまで引用ばかりであっては、その引用の並べ方がいかに巧みであっても、資料集にはなるかも知れませんが、論文とはいえません。なぜならば、引用した主体としての自分の姿がそこに現われないからです。執筆者である自分が論述するということがなければ、論文とは呼べないのです。

(四) 証拠立てられない私見だけでは論文にならない

論文にはある結論を導き出すための証拠が必要です。単なる思いつきや私的な感想だけでは、論文にはなりません。学問の上では新しい着想や直観的な印象などが重要な役割を演ずるのですが、しかしそれだけでは論文には至りません。それが具体的な材料によって論証されて初めて学術論文としての体をなすのです。

(五) 他人の業績を無断で使ったものは剽窃であって研究論文ではない

公刊されたものであれ、未公刊のものであれ、他人の業績をあたかも自分の説であるかのように使うことは道義的にも許されませんし、著作権上の問題にもなります。他人の研究成果はもちろん学界の共有財産になるわけですが、しかし、その財産を利用するためには、それに頼った部分についてその旨を明らかにするという順序を経なければなりません。誰が初めにその説を唱えたかというプライオリティ（優先権）を尊重することは学者の義務であります。

もちろん、他人の文章を無断で盗用することが許されないのは、学生であっても同じことです。レポートを課された学生が他人の文章を丸写しすることは、昔から繰り返されてきたことかもしれませんが、いまや事態はいっそう深刻です。パソコンが普及し、どんなに長い文章でも、他人の文章を瞬時に写しとることができる技術（コピー・アンド・ペースト）が使えるようになったからです。昔の学生は、他人の文章を手で書き写している間に、そこに書かれている内容を少しは勉強したでしょうし、いくらかでも良心の呵責を感じることができたでしょう。しかし、現在では、それが一瞬のうちに終る作業となったために、ほとんど内容を理解しようともせず、良心の呵責を感じる暇もなく、他人の文章を平気で盗用してしまうことがあるのです。たしかにコピー・アンド・ペーストは、データを蓄積するためにはとても便利な技術であります。それを上手に使うことによって研究の効率は大いに高まります。しかし、もしコピー・アンド・ペーストした他人の文章を自分のレポートや論文と称して提出するならば、それはカンニングと同等の不正行為であるといわねばなりません。論文の中では、自分の文章と他人の文章を峻別しなければならないのです。

学術論文とは、自分の研究の結果を論理的な形で表現するものであります。論理的な表現とは当り前のことではないかといわれそうですが、実際には非常に難しく、意外に守られていない点であります。とくに学生の書いたものを見ると、論理的というよりはむしろ感情的なものがあります。たとえば、抒情詩とか文学などのように自分の感情を生のまま表現しようとする論文が非常に多いのであります。この点を具体的に言いますと、なるべく修飾語を使わないことが論理的表現のための出発点だと、まず考えていただきたいと思います。もとより、自分の感情がはいってはいけないという意味ではありませんけれども、たとえば「憐れにも」とか、「かわいそうな」とかいった形容詞あるいは修飾語を除いた形で文章を組み立てるという所から始めなければなりません。文章を飾ることや自分の感情を吐露することが学術論文の任務ではありません。

また、学術論文の場合には、注というものがあります。大学の先生の中には、卒業論文の注だけしか見ないという人もおります。注だけ見て、これはよく勉強しているという先生もいれば、あるいは、逆にあまりにも多く注がついているのは内容の貧弱さをカバーするためだから駄目だ、という先生もいます。しかし、注というのは、自分の研究の学問的手続の一つの表現の仕方であります。注をどのようにつけるかということは、基本的には、自分の書く文章の目的、相手、その論文によって表現しようとする内容等によって決まってくるのであります。初めから注をつけなければ駄目だとか、つけてはいけないとか決まっているわけではないのです。注を、どこに、どのような配列でつけるのかについては、学問分野や学派の相違によって、あるいは発表機関の相違によって、現に一様ではありません。しかし、注のつけ方に悩む前に、そもそも何故注というものが必要なのかということを理解しなければなりません。

学術論文を学会雑誌や大学の紀要に掲載したり、単行本として出版したりするという形が定着するようになったのは歴史的には新しい現象です。十九世紀のヨーロッパで学術論文が研究業績の発表の形態となり、それを通じて自分の新しい知見を他の学者に知らせ、自分の発見の優先権やパテントを確保することになったのです。そこで、論文は自分の獲得した新知識や新見解だけを提示すればよいものとなります。学者仲間で常識化している教科書的知識や同じ学派で共通の前提としている出発点(パラダイム)(4)についてはわざわざ論証する必要はなく、自分の研究の結果だけを要領良く伝える形式が整えられたのです。自説の根拠を示すために、引用や材料の出所について注をつけることはこのような近代の学術雑誌の歴史の中で自ずから定着したものです。

このように学術論文という形態も歴史の所産です。したがって学術論文の在り方や機能も今後変化して行くことでしょう。現に、自然科学の分野では、学術論文という形をとらずに、新しい知見だけを口頭で発表したり、速報という形のニュースとして知らせたり、コンピュータに記憶させたりする方法が始まっております。それは、科学の研究の生産のテンポがまさに日進月歩の勢いで速くなったこと、及び科学研究が産業化したことによって、結論として得たデータだけをそれを必要とするスポンサーに知らせればよい場合が多くなってきたからです。文化の世界で占める学術論文という形態の役割は相対的に低下して行くように思われます。しかし、少なくとも私たちの生きている間に、学術研究が論文という形で発表されることが消滅してしまうとは考えられません。社会科学・人文科学の分野ではとくにそうです。学術論文のこのような歴史性から私たちが現在用いている論文のルールが生まれて来ているのです。

もちろん、学術論文においてはあくまでもその研究成果の内容が根本であって、表現の技術は二の次であります。文章作成の技術が先にあって、内容が次にあるのではありません。これはわかり切ったことですが、実際には、空疎な内容を仰々しい形式やこけおどしの注や横文字で飾り立てたような論文(と称するもの)が世間には多いのです。このような厚化粧式の文章に迷わされてはなりません。よい内容は、文章が上手でなくても学問的な説得力を持ちますが、貧しい内容はいかに形式を整えても、説得力を持たないのです。しかし、よい内容がよい形式を整えることによって、その説得性を倍増させることは確かです。むしろ、世の中には一〇〇の内容の研究成果を挙げながら、その表現形式を知らないために、言い換えれば、学術論文の書き方を会得しないために、その三〇%か五〇%程度しかその内容を伝えることができない人が多いのであります。八〇くらいの研究成果を挙げても、それが仮に一〇〇%の表現形式を得れば、八〇のものとして他人に理解されるはずですが、たとえ一〇〇の仕事をしてもその内容が五〇％しか伝わらないのであれば、五〇程度にしか理解されないことになります。これでは折角の研究成果が生かされません。

論文の書き方とは、研究成果をできる限り、正確に伝える、わかってもらうための方法を工夫することです。論文の形式とは金魚鉢やショーウインドーのガラスのように、中のもの、つまり研究成果を、明瞭に正しく見てもらうための媒体です。官僚や政治家の国会答弁のように、中のものをかくすために、わざわざ曖昧にする曇りガラスであってはなりません。文章の技術を読者に意識させないいわば透明な文章が良い文章であるように、技法の存在を意識させない透明な論文が良い論文であるといえましょう。すなわち、論文の技術とは、透明ガラスの作り方でありま す。存在を感じさせない技法といっても魔術ではありません。論文作成の階段を一つ一つ着実に踏んで行くことによって自ずから身につくものであります。では、これから読者の皆さんをその階段に案内することにしましょう。

（1）石川啄木『ローマ字日記』桑原武夫編訳（岩波文庫）、（岩波書店、一九七七年）。
（2）八杉龍一『論文・レポートの書き方』（明治書院、一九七一年）一六―一七頁。
（3）Audrey J. Roth, *The Research Paper, Form and Content* (Belmont, Calif., 1966), pp. 8-10.
（4）「パラダイム」とは学派形成の出発点となっている業績、後継者に手本となり、定石を教えるような定説的な思考といってよい。この概念を用いて学問の歴史性を論証した書物として、トーマス・クーン『科学革命の構造』中山茂訳（みすず書房、一九七一年）、中山茂『歴史としての学問』（中央公論社、一九七四年）は有益である。なおパラダイム概念についての諸家の見解を集めたものに、中山茂編著『パラダイム再考』（ミネルヴァ書房、一九八四年）がある。

第一章　論文への出発

１　テーマの設定

学術論文には必ずテーマというものがあります。それは研究対象といってもよく、あるいは取り上げる問題といってもよいでしょう。問題がなければ研究の必要もなく、したがって研究の産物である論文も生まれません。いうまでもなく、学術論文では研究成果の内容が大事で、表現技術は二の次です。私たちは、ある問題について研究し、その成果を論文という形で表現するので、何らのテーマも決めずに論文を書くことはできません。

しかし、実際には、たとえば、卒業論文を課せられている学生の場合にしばしば見られるように、論文を書くことを義務づけられているが、一向に何をテーマにしてよいかわからないままに日を過ごし、いよいよ提出期限が近づいて、あわてて何かやさしそうなテーマを拾うということがあります。これでは、そもそも研究が不十分ですから、良い論文ができるはずはありません。そこで、大学によっては、あるいは教師によっては、かなり細かいテーマを学生に指示することがあります。いわゆる、テーマを与える、という場合です。このような場合は、いわば敷かれているレールを走るようなもので、学生にとって楽であるに相違ありません。しかし、たとえ教師から与えられたものであるにしても、そのテーマの意味がわからなければ走り始めることはできません。そのテーマが学問的にどのような意味を持つかを自分なりに理解してこそ、情熱を持ってそのテーマに取り組むことができるのです。そのような意味では、教師から与えられたテーマも、自分が理解できた時には、自分が発見したテーマと同じ効果を生むことになります。

どのようなテーマが学術論文として適当であるかは、専門分野の違い、または学派や大学の学風の違いによって一概にいえませんが、ここでは、人文科学・社会科学系の分野で常識化されているところについて説明することにします。

まず、自分が研究している分野の学術雑誌を何でもよいから手近にある号の目次を見て下さい。たとえば、今、われわれの手許にある一、二の雑誌をひろげて目次を見ますと、「第一次世界大戦と日本の対露政策」「米ソ国交樹立に関する一考察―ソ連側の対応を中心に―」「村落構造論と地域社会構造論」「近代日本ジャーナリズムにおける日朝関係論の構造と展開」「行政行為の無効事由と取消事由」など、いろいろな標題が並んでいます。これらの標題がすなわちそれぞれの論文のテーマであります。

ここですぐ気付くように、それぞれ甚だ小さいテーマであります。言い換えますと、限定されたテーマを扱っているのです。「人間とは何か」とか「愛について」とか「宇宙の本質」などということは扱われてはいません。勿論、そのような大テーマを研究してはいけないなどということはありません。そもそも、学問研究は人間や社会などについての一定の理解の下に出発し、研究はその理解を深め、あるいは修正することになります。しかし、人間とは何かといった大テーマは専門的学術論文のテーマとはなりにくいのです。何故でしょうか。

テーマがあまりに大き過ぎ、しかも限られた分量の中で論述しなければならないとなると、どうしても考察が浅薄になります。そして自分が得た新しい知見がオリジナルなものである所以を説明できなくなります。この広い人間知識の世界の中で、私たちが提示できる新しいものとは極めて限られた狭い範囲に過ぎません。深く考えるためには、どうしてもテーマを狭く限定するほかありません。「現代社会とは何か」「現代におけるマス・コミュニケーションの発達」を考えることは大事な仕事ですが、そのような大問題をそのまま たとえば五十枚の原稿用紙の枠の中に入れようとすれば、どうしても学術的価値の乏しい随筆になってしまいます。つまり、大問題は畢生の大著のテーマにはふさわしいけれども、一つ一つの論文のテーマとして不向きなので、まず当面の関心に従って調べようとする範囲を限定するのです。たとえば、「一九七〇年代のアメリカ合衆国におけるカルト集団の活動」とか「キューバ危機でのアメリカ合衆国の世論」などといったテーマを選び、その範囲で深く研究した結果を論文としてまとめることによって、自分の構想する現代社会論のための一つの足掛りが得られるのです。普通、テーマの設定についていわれる「狭いテーマを」とは以上に述べたような背景を持っているのです。国際的にベスト・セラーとなった推理小説『薔薇の名前』の著者であるイタリアの言語哲学者ウンベルト・エコも、その著『論文作法』でいっています、「範囲を狭めるほど、仕事は良くなり、基盤がしっかりする。モノグラフ的論文の方がパノラマ的論文よりも望ましい(1)」と。

論文のテーマを教師が学生に与える場合、それが学生にとって興味のないテーマであるならば、学生を束縛することになるでしょう。しかし、反面では、これは学生にとってはありがたいことでもあります。少なくとも、教師はそのテーマについてこれまでに日本の学界でどのような研究業績が積まれて来たかを知っており、そのための研究資料がどの程度あるかを知っているからです。教師はそのテーマについて一定の予備知識を持っており、それに基づいて学生の研究成果を、つまり論文の出来具合を評価できるのです。また、学生もテーマをもらうや否や走り出すことができます。

これに対して、何でもいいから好きなことをやれといわれると、かえって途方に暮れる学生が多いようです。Aというテーマが面白そうだと思ったが、図書館に行っても参考文献が見当らない。Bというテーマについてはいろいろ本が出ているようだが、Bのテーマのためにはロシア語を知らないと取り組めないらしい。Cのテーマならやれそうだが、こんなことをやると好事家だといって笑われはしまいか。あれこれ思いあぐんでいる間に一月経ってしまった。このような状況は決して珍しくありません。

テーマを決めるための出発点が自分の関心にあることはいうまでもありません。誰でも自分の好きなことを研究したいので、わざわざ嫌いなテーマを研究する人はよほどの変り者だということになります。論文にとりかかる学生には、それまでの永い勉強の間に、もっと深く知りたいと思う疑問の点や、心を惹いた問題が生まれているはずです。もともと、そのような問題を抱えていないのに学術論文にとりかかるということがおかしいのです。

むしろ、自分なりに大きい問題を抱えてはいるが、どこに論文の対象としてのピントを合わせてよいかわからないという場合の方が多いのです。たとえば、封建社会の農民の生活に関心を持ち、あれこれ歴史書を嚙ってみたが、さて論文のテーマとなると、どの国の、どの時期の、どの事件を取り上げてよいかわからないといった場合です。

そこでテーマを選ぶためには、テーマの側の条件と自分の側の条件との両面を考えてみなければなりません。

テーマの条件

テーマの側の条件とは、テーマの持つ内容上の意味と、そのテーマに接近するための物質的事情という、これまた二つの面から考えられます。自分がその研究のために情熱を燃やすことのできるようなテーマ、自分のエネルギーを注ぐに値するようなテーマを選ぶことが大切です。何がテーマとなり得るかはそれぞれの分野での研究入門書に当るなり、信頼できる教師や先輩に相談するのも良いでしょう。ここでは、自分の関連する分野の学術雑誌に早くから親しんでおくことをおすすめしたいと思います。図書館でバックナンバーを借り出して、どういうテーマがこれまでに扱われているかを調べてみることから出発しなければなりません(また、先人の業績を熟読することによって、論文のスタイルに自ずから慣れるようになります)。大学の卒業論文題目を見ると、毎年毎年、流行のようなものがあることに気付きます。それはやはりそれぞれの時期の学生の問題意識を反映しております。大事なことは、自分が選んだテーマが「流行」の波に乗っているかどうかではなく、そのテーマを選んだ自分の根拠をはっきりと自覚することです。

学問上意義のある重要テーマを発見した場合でも、その研究のために必要な素材が得られなければどうにもなりません。とくに外国文献が不可欠な分野については、文献が無ければ何もできません。そこで、そのテーマに関連のありそうな文献の目録を作ってみることから仕事が始まります。もちろん書物や論文の標題だけで、自分のテーマとの関連がわかるわけではありませんから、あくまで暫定的に図書館やパソコンで書誌情報を調べてみるにとどまります。標題は全く無縁そうでも実は自分のテーマに重要な示唆や資料を与える書物や論文は意外に多いものですが、それがわかるのはもっと研究が進んでからのことでしょう。一篇の論文を仕上げるために何冊の文献を読まなければならないかは決まっていません。何百冊も駆使しなければならないテーマもあり、数冊でも十分なテーマもあります。問題は文献の量ではなくて、そのテーマについて不可欠な素材を消化できているかどうかにあるのですから、まずその絶対不可欠な素材が利用できるかどうかを確かめてからテーマを決めるという段取りになります。

自分の条件

しかし、必要な素材が利用できることはわかったとしても、今度は、それに取り組む自分の側の条件を考えてみなければなりません。たとえば、外国語文献を必要としているテーマについて、その外国語がマスターできていなければ取り組むことはできません。ある国の農地改革というテーマを扱うためには、農業問題についての一定の理論の習得が前提となります。そのような準備、言い換えれば対象に挑むための道具なくしていきなり飛びかかることは冒険です。リュックを負わないで登山したり、釣針なしに魚を釣るようなものです。対象が重要であればあるほど支度を周到に整備してかからなければならないのです。

古代ギリシャ史の大家として知られた村川堅太郎教授は、このような場合について適切な忠告を与えておられました。古代ギリシャ史を研究するにはギリシャ語が不可欠であります。しかし、たとえば、ギリシャ語をマスターするにはまだ日がかかるが、それでもギリシャ史を自分の仕事としたいと考え、卒業論文にギリシャ史に関するものを書きたいと願っている学生がいるとします。そのような人は、たとえば『アリストテレス全集』を英訳を頼って読み、アリストテレスの政治思想といったテーマで論文を書きなさい、そして次の段階の大学院を終るまでにはギリシャ語による研究ができるように併行してギリシャ語の勉強を進めなさい、と村川教授はすすめておられました。(2) 古代ギリシャについては何といってもヨーロッパが研究の本場であり、ヨーロッパ諸国でのこれまでの蓄積は巨大なものです。それだけに英語だけでもかなりのところまで古代ギリシャに迫ることができます。このような分野については、確かに英語を媒介とした研究とギリシャ語の修得とをある期間併行させることが可能です。ロシア史・スペイン史やアラブ地域の歴史などを研究しようとする学生に、このような方法はすすめられてよいと思います。

しかし、このように自分の側の条件にハンディキャップがある場合には、いきなり自分の好きなテーマに飛びつくのではなく、自分の力と事情に応じたテーマに変えなければなりません。その方が結局長い眼で見れば自分の力を養うことになります。

(1) ウンベルト・エコ『論文作法―調査・研究・執筆の技術と手順―』谷口勇訳(而立書房、一九九一年)一七頁。
(2) 村川堅太郎「ギリシア史」井上幸治・林健太郎編『西洋史研究入門』(東京大学出版会、一九五四年)所収、三六―三七頁。

2　テーマの修正と決定

このようにして、何らかのテーマを選んで研究を開始することになるわけですが、実はテーマの選択──→研究というのは、論理上の順序としてはそうなりますが、作業の実際からいうと逆になることが多いのです。つまり、ある程度学習を進めてみて初めて設定すべきテーマがわかるという場合が多いのです。たとえば、「日本における製塩業の歴史」というテーマを選んで研究を始めるとします。このようなテーマの場合、学習とは、次々に関連ある文献を漁り、簡単な記述を読み、より詳細な記述を読み、一冊の書物から他にも文献のあることを知り、またそれを探し出して来て読む、このような作業の連続を意味しています。

このようにしていろいろな書物を読んでいるうちに、このテーマについては想像していたよりも膨大な量の研究が既に存在していることに気付くはずです。そこまでわかって来ますと、自分がそのような研究史の蓄積につけ加えるべきものは何か、について悩むことになるでしょう。しかし、自分が依然この分野について深い関心を持ちつづけているとすれば、自分のテーマをもっと制限しなければならないと考えるようになるはずです。すなわち、この膨大な蓄積に潜む欠陥や空白について意識するようなヒントがどこかで与えられるでしょう。こういう角度から見てみたら、とか、ある時代のある地域については記述が乏しいが果してそうであったろうか、などの疑問が湧いてくるのです。いわば「思いつき」が生まれるのです。

学問において「思いつき」とは重要な役割を演じます。まさにそこに研究者の独創性が現われてくるのです。マックス・ウェーバーの有名な『職業としての学問』は、この「思いつき」の重要さについて語ってくれます(1)。

ウェーバーによると、素人の思いつきには専門家にとって大事なものがしばしばある。しかし、素人が素人であるのは、その思いつきをそのまま放置してしまい、それを具体的な研究に移す手順を知らないからである。これに対して専門家は、思いつきを決まった方法によって仕事の軌道に移すことができる。しかし、思いつきとは机に向かって悩んでいても自ら生まれるものではない。ソファーに寝そべって葉巻をくゆらせている時とか、坂道を散歩している時とかに思いがけなく頭にひらめいてくるものだ。

ある問題について毎日書物を読んでいてもヒントが浮かんでくるものでないことはウェーバーのいう通りです。しかし、坂道を歩きながらいい思いつきが生まれるのは、やはり平常その問題について思いめぐらしているからです。ともかく、あるテーマについての自分の勉学の努力が、いろいろな疑問や新しい着想などを呼び起こすことになるのです。

大きいテーマで研究を始めるということは、ともすればこれまでの研究から盗み取ってくることだけに終ってしまいます。やはり、疑問やヒントを生かして、より小さいテーマに修正しなければなりません。そしてこのような修正を経た後に初めて論文のテーマが決定されることになるのです。

すなわち、さき程の例でいいますと、「日本製塩業史」といった大きいテーマでは、やはり間口が広過ぎて深く掘れないことがわかるのです。江戸時代の、あるいは幕末期のという具合に、時間的に幅を限定することもあるでしょうし、空間的に限定する――瀬戸内海におけるとか、讃岐国におけるとか――こともあるでしょう。あるいは、製塩の技術に着目することもできますし、または、製塩労働に従事する労働力の問題に限定することもできます。または、精製された塩の流通機構だけに問題を絞ることもできるでしょう。

また、このテーマに関する史料がかなり限られたものであることがわかった場合、「〇〇家所蔵文書の分析を通じてみた製塩業のこれこれの問題」というように、材料による限定も可能です。こうなってくると、かなり専門的論文としてのテーマとしての落ち着きが生まれてきます。実際、私たちが一定の期間に読むことのできる量は限られたものですから、このような仕方でテーマをギリギリの所まで絞らなければなりません。論文が何らかオリジナルであろうとする限り、どうしてもこのようにテーマが狭くなってくるものです。

ところで、以上のように、勉強してはテーマを限定し、また勉強して次の限定を加えるという経過は、実際には循環的に続いているのです。テーマの選択――→修正――→決定と申しましたが、これも二度決断を下せばよいという操作ではありません。あえて極端な言い方をするならば、一日の勉学の中に何回でも起こり得る過程なのです。したがって、論文の作成とは、研究──→文章の作成という形ではなく、研究しながらテーマを次々に絞って行き、しかもこの間に文章化が進められる過程なのです。テーマが絞り終った時には論文は出来上っているといってもよいでしょう。ここで説明していることは、あくまでも論文のルールを理解するための一応の理屈なのでして、実際には、論文の標題を書いては消し、また書いては消し、文章を添削したり、材料を織り込んでみたり、捨ててみたりする日々の連続であるというふうに考えて下さい。テーマの決定とは、一度だけの決定ではなく、絶えざる修正と絶えざる改定という試行錯誤の連続なのです。

なお、このようにして決定したテーマを既に誰か先人が取り組んでいるかも知れません。もちろん大事なことは自分の研究内容ですから、テーマの類似を心配することはありませんが、そのような場合、先人の業績と自分の仕事とをはっきり区別するような論述の仕方をとらなければなりません。まず関連分野の文献目録を徹底的に調べるところから始めなければなりません。

(1) マックス・ウェーバー「職業としての学問」出口勇蔵訳『世界思想教養全集』一八、「ウェーバーの思想」(河出書房新社、一九六二年)所収、一三九―一四〇頁。

3　論文の分量

　このようにしてテーマを決定して、論文執筆の実際の作業について計画を立てる場合に、まず、誰でも突き当る問題は、自分がとりかかる論文の分量をどの程度のものにするかということでしょう。一冊の書物となるほどの大論文を書く場合と、雑誌の何頁分かに当る程度の小論文を書く場合とでは、そのための準備や労力が自ずから違ってきます。また、論文の構成も変ってきます。論文の量については外国語の論文の場合には、タイプ用紙にしてダブル・スペースで何枚という具合にいいますが、日本語の論文は四百字詰原稿用紙で何枚と数えるのが普通です。原稿用紙にも二百字詰・三百字詰などの種類がありますが、ともかく枚数の計算の上では四百字詰を基準とするのが普通です。この書物の中でも原稿用紙何枚と言及する場合は四百字詰による枚数であることを予めお断りしておきます。

　論文をパソコンのワープロソフトで書くとなると、既製の原稿用紙では間に合いません。既製の原稿用紙に合わせて印字することもできますが、これでは字と字の間があきすぎて、読みにくくなります。それは、原稿用紙の枡目の大きさにくらべてパソコンの文字は小さいからです。原稿用紙は、本来、字数を数えるのに便利なように、四百字詰や二百字詰などという形で作られたもので、枚数を数えればよいわけです。パソコンは一頁に何字・何行入るか決めて印字するわけですから、一般に売られているプリンタ用紙(インクジェットプリンタ用紙やＰＰＣ用紙などがありますが、どれを選ぶかはプリンタの機種や白黒とカラー原稿の別によって決まります)に印刷したほうが能率的です。

ワープロソフトで論文を書く場合には、一頁当りが原稿用紙の何枚分に相当するかを念頭においておくと、何かと役に立つことがあります。「ワード(Word)」や「一太郎」という現在よく使われているワープロソフトは、初期設定では用紙がA４判で、文字サイズが10・5ポイント、一行が四十字の設定となっています。この設定の場合、ワープロソフトの「ページ設定(文書スタイル)」を四十行で設定すれば、一頁当りが原稿用紙の四枚分であるとすぐに計算できるので便利です。校正用にダブル・スペースで印刷するために一頁を二十行で設定した場合には、分量はちょうど半分の二枚分となります。また、パソコンの画面(モニター)を見ながら作業をするとき、文字サイズが10・5ポイントでは小さくて読みづらいという場合には、たとえば文字サイズを12ポイントに上げて、一頁の字数・行数を三十二字・二十五行で設定すれば、一頁当りの文字数がちょうど原稿用紙二枚分に相当すると計算できます。

初めて論文を書こうとする人が、いきなり何百枚もある大著を書くということはないでしょう。大学の卒業論文にしても修士論文にしても、たとえば五十枚、百枚、二百枚以内といった制限が設けられているのが普通です。あるいは、論文が学会誌などに掲載されて印刷されることになれば、枚数の制限はいよいよ厳しくなります。枚数を何枚と制限した上で、その枠の中で論旨をまとめるように訓練することから出発しなければなりません。

よく、せいぜい五十枚程度でまとまるような論述を何百枚も費やして書く人がいます。その努力は立派なものですし、また、それを書いた本人も力作だと思っているのかも知れませんが、多くの場合、論点が多岐にわたって、一体、何を主張したいのかわからないダラダラしたものになっています。八頭一身八尾の八岐大蛇のように、いろいろな問題といろいろな主張がからみ合ったまま投げ出され、いたずらに読者を当惑させるだけです。もし、自分が論じたい問題が八つあるとすれば、八つの小論文を別々に書けばよいのです。形は小さくとも、頭と胴と尾とを一つずつ備えた完全な体を成した小論文の方が、八岐大蛇のような大論文よりは遥かに読者を納得させるのです。

このような八岐大蛇のような論文になるのは、自分が調べたこと、知ったことのすべてを一つの論文に盛り込もうとするからです。自分が一所懸命勉強して新知識を得れば得るほど、それを人に伝えたくなるのは人情というものかも知れません。しかし、自分にとっては新知識であっても、読者には旧知識であるかも知れません。また、自分の見解が成立する根拠として、何らかの引用をしたい場合には、論拠となる一点だけを引用すればよいのです。もちろん文章の前後関係というものがありますから、一字とか一句だけ引用するというだけでは不十分ですが、論拠として引用すべき一つのセンテンス以外の余計な部分を長々と引用することは不必要です。

論文とは、あくまでも自分の主張すなわち結論を、その根拠を示しながら記述するものです。

したがって、結論に関係の無い事柄はできるだけ削除して論述を進めることが大切です。たとえば、ある事件についての論文の中で、何人か人物が登場する場合、それらの人物については事件に関係する限りの最小限の説明で済ませるべきです。それらの人物について自分が詳しい知識を得たり、また、その言行に興味を感じたりした場合でも、その事件に関係する限りの(たとえば職業・階級・身分など)説明で済ませ、事件に関係の無いエピソードなどを(それがいかに自分にとって興味深いものであろうとも)記述に織り込んではならないのです。

　このように考えてきますと、ある問題について自分が得た知識が一〇〇であるとしても、論文としてまとめる場合には四〇ぐらいになってしまいます。六〇は捨てなければならないのです。「割愛」という言葉の含蓄が示すように、惜しみながら削る部分が実に多いのです。初めて論文を書く場合など、どこを削ってよいかわからないし、また、どこも削りたくない、という感じを抱くでしょう。そのような場合は、信頼できる他人の眼で見てもらうのがよいのです。自分ではどこも削るべきではないと思っていても、傍から見ると、削るべき部分が意外に多いものです。まず適当に枚数を定めて、そこに必要最小限のものを書き込まなければなりません。このようにして無駄な部分を削って自分の説のエッセンスだけを書くためには、清水幾太郎氏が「短文から始めよう」と勧めておられるように、[1] ふだんから短文を書く訓練を積んでおくとよいと思います。

　このようにして、自分の論文のテーマにふさわしい分量についてある目安を立てて、いよいよ研究という次の段階に進むことになるのです。

（１）参照、清水幾太郎『論文の書き方』（岩波新書）、（岩波書店、一九五九年）第一章。

第二章　資料の蒐集と記録

1　資料の蒐集

研究テーマを決めたならば、次にテーマに関連する資料を集めることになります。資料とは研究にとって必要な素材のことです。資料のないところでは研究は進みません。資料の不十分な論文は思いつきだけに終ってしまいます。実際の作業では、テーマを決めてから資料を集める、あるいは、資料を集めながらテーマを決める、資料を吟味してみるとテーマが変ってくる、さらにテーマを考えながら資料を集める、という具合に、テーマの決定と資料の蒐集とは同時的に進むことが多いのです。

資料といっても専門分野によってかなりの相違があります。普通、文字によって記された資料（文献）が多いのですが、遺跡・石器や美術品などの物が資料である分野もあり、また実験や調査によるデータあるいは図面を主な資料とする分野もあり、ヒアリングのテープや写真・映画・ビデオも資料となります。あるいは風俗・習慣も資料であります。ここでは、主に文献資料について説明することにします(歴史学では「史料」という言葉を使いますが、ここでは歴史学上の史料をも含めて資料という言葉でひろく材料一般を指すことにします)。それぞれの分野によって、資料の在り方、資料の集め方も異なっておりますので、自分の専門分野に独特の調査法をマスターしなければならないことはいうまでもありません。

なお、文献資料とは、文字によって記されたものを指します。日本の歴史学界ではこれをさらに三種に分けております。[1] すなわち、一定の相手に何らかの意志を伝えるために書かれたものを「文書」といい、日記やメモのように自分のために記したものを「記録」と呼び、普通に私たちが「本」と呼んでいるような著述や編纂物を「編著」と名付けております。この区分によると「文書」は差出人と受取人との間のものという甚だ狭いものになります。一方、法律学の方では、「文書」とは、文字や符号によって記されたもの全般を指しており、[2] そこに語の意味の違いがあります。このように用語法の違いが専門分野によってかなりありますので、自分の分野についての用語法を十分に心得ておかなければなりません。また、文献資料といっても、印刷され公刊されているものと、手書きのままのものとでは、注記する場合など扱い方が違ってきます。ここでは、もっとも入手しやすい公刊された印刷物を中心として話を進めることにします。

大学の卒業論文や修士論文について「足で書け」と指導する先生が多いようです。実際、図書館・文書館・各種の資料室・古書籍商あるいは個人の私宅などを足を棒にして歩き廻ることは大変な重労働です。何でもインターネットの検索エンジンを調べれば事足りるという安易な考えを持つ学生がいますが、大学の卒業論文ともなれば全く不十分であるといわざるをえません。資料とは坐して与えられるものではなく、「発掘」という言葉がふさわしい労働によって初めて獲得されるものです。新しい資料を発見することは研究の重要な一部分です。あるいは意義のある資料の発見は、それだけで価値ある業績にもなります。資料集めの労苦を厭うようでは、良い論文の作成は望めそうにないことを、まず肝に銘じておく必要があります。思いつきのテーマについて参考文献を教師にすぐ教えてもらいたがる学生や、書店とくに古書店を訪ねることを嫌がったりする学生がいますが、それでは論文を書くことの本当の楽しみを味わうことはできないでしょう。

自分の研究テーマにとって何が資料となるかは、予め決まっているわけではありません。自分のテーマに関係がありそうな題がついている書物を読んでみたが、一向に役に立たなかったという経験をした人は少なくないでしょう。カタログにある標題だけを見て書物を注文する場合、このような失望を味わうことが多いようです。これとは反対に、その標題は一見したところ自分のテーマに関係なさそうでありながら、その内容は極めて有益な書物もあります。つまり、ある文献が自分の研究テーマにとって資料となることができるかどうかは、読んでみなければわからないのです。

したがって、初めにとりかかるべき仕事は、自分のテーマに関係のありそうな文献名について一通りのリストを作ってみることであります。いわば、「試行錯誤的」な文献目録をまず作成するのです。試しに目録を作ってみて、誤りがあれば後で直し、不足の所は後で埋めるというつもりで、まず始めてみるのです。それぞれの文献を検討して研究が進むにつれて、この文献目録について自分の判断に基づく取捨選択が加えられ、最終的には自分の論文に附せられる文献目録になるのです。

文献目録を作るという作業は、実は、自分の研究を学説史上の何らかの場所に位置付けるという意味を持っております。自分が研究しようとするテーマについて一体これまでにどれだけの知識の蓄積があるのかを確かめなければ、そもそも自分が研究を一歩進めるといったところで、その一歩踏み出すべき地点がわからないことになります。自分にとって新しい知識であるものが、既に先人によって獲得されているものかも知れません。自分が取り組もうとするテーマについて、これまでにどれだけの材料が提供され、どのような説明が与えられてきたのか、その説明にはどのような種類があり、どのような相違があるのか、すなわち既成の諸説を整理することが文献目録作成という仕事の本当の任務なのです。

しかし、そのように諸説を整理し、さらに批判し、問題点を探ることは大変な労力を要します。そこで、まず、試行錯誤的に文献目録を作り、そこに列挙された文献を、利用できるものから一つ一つ、蚕が桑の葉を喰べるように、読んで行くことが実際的です。

ところで、資料という場合、第一次資料と第二次資料とがあります。自分の研究対象から直接に、あるいはそれにもっとも近い所から出たものが第一次的な資料であり、間接的な出所のものは第二次的な資料と呼ばれます。たとえば、近衛文麿（元首相）という政治家を研究しようとする場合、近衛の書いた日記・手紙・原稿・談話や講演の筆記あるいは著書などは第一次的な資料となります。これに対して、近衛文麿について書いた伝記や評論などは第二次的な資料になります。したがって、近衛文麿の政治活動や政治思想について研究しようとするならば、近衛が書いたもの、近衛が語ったことが第一次的資料であり、近衛について書かれたものは第二次的資料ということになります。

しかし、何が第一次的な資料であり、何が第二次的な資料であるかは研究テーマによって異なります。たとえば近衛文麿についてのイメージや評価の変遷という問題を研究テーマとするならば、近衛が書いたものではなくて、近衛について書かれたもの、近衛について語られたことが第一次的な資料になります。つまり、第一次・第二次という関係はテーマに応じて相対的なものであります。したがって、文献目録に集められた文献名も、テーマが変化するにつれて、その配列の仕方が変ってくることになります。

原書と翻訳書がある場合には、原書が第一次的な資料となり、翻訳書は第二次的な資料です。

したがって、シェイクスピアを研究する場合、英語の原典を第一次資料としなければならないことは当然であります。しかし、日本においてシェイクスピアがどのように解釈されてきたかを研究しようとするならば、むしろ日本語の翻訳書の方が第一次的な資料に昇格することになるのです。

第一次的資料を研究の基礎としなければならないのは、結局のところ、証拠を固めるという学問的要求に由来するのです。そこで確かめるべき問題の性質によって、証拠となる資料の範囲も異なって来るのです。研究者が第二次的な資料しか利用できない条件下に置かれている場合、第二次的資料に頼ることを咎めることはできません。しかし、第一次的資料が利用できる場合には、第二次的資料だけしか利用していないならば、その結果は研究としては価値の乏しいものになります。今日では資料に接近したり、資料を保存したりするための技術が発達していますし、また外国から資料やそのコピーを取り寄せることも以前に比べて容易になりました。そのような点では、第一次的資料を集める努力はいよいよ厳密さを求められているのです。さきにも述べましたように、資料を集める作業と、資料を整理し、吟味する研究過程とは別々に進行するのではありません。資料の整理や吟味の方法は、専門分野によってそれぞれ異なりますが、あくまでも確かな証拠を求めるためにオリジナルな資料に基づくという原則はどの分野でも共通しているはずです。資料を集めることによって私たちは学問への道を一歩踏み出したのです。

（1）石井進「「史料論」まえがき」岩波講座『日本歴史』二五、別巻二「日本史研究の方法」（岩波書店、一九七六年）所収、三頁。
（2）たとえば、「文書は、文字記号により一定の意味内容を表示した書面を中心とするもので、論文・小説・特集・随筆・脚本・楽譜などの形式で存在する」（山本桂一『著作権法』有斐閣、一九六九年、一八九頁）。

2　文献の探索——図書館の利用

どの分野でも「研究入門」あるいは「文献目録」などと題された書物があります。たとえば『政治学研究入門』とか『国際問題邦語文献目録』などの類です。あるいは、学術雑誌には「学界動向」という特集記事や関連分野の文献目録が掲載されているのが普通です。そこで、初めにこのような記事や目録を頼りにして、自分のテーマに関係のありそうな文献名を選び出してノートにとり、さらに、百科事典・専門事典の関連項目を調べることから始めて、あちらこちらに探索の範囲を拡げて行くのがよいでしょう。(1) 図書館の閲覧室の机に釘付けになったり、古書店を歩いたり、という忍耐強い労働ももちろん必要です。

図書館の分類の「総記」という所には、図書目録や雑誌論文目録が収められています。図書館で文献を探索する場合には、それらの目録から書名を選び出すとよいでしょう。たとえば『国書総目録』(岩波書店)には慶応三(一八六七)年以前に日本で発行された現存図書名が載せられ、所蔵文庫・図書館名が記入してあります。また、国立国会図書館監修『日本全国書誌 書名・著者名索引』(年刊、日本図書館協会)や『出版年鑑』(出版ニュース社)や『日本書籍総目録』(日本書籍出版協会)などによって、前年度に刊行された書名や刊行時に入手可能な書名を知ることができます。『日本全国書誌』は二〇〇七年に冊子体の刊行を終了してホームページに一本化し、『日本書籍総目録』は冊子体・CD－ROM版を経て二〇〇五年からデータベース版に完全移行しています。

文献探索の王道は、何といっても図書館を最大限に利用することです。図書館は単に書物を見せてくれる所だけではありません。各種の辞書・事典・年鑑や新刊雑誌などを揃えた参考図書室を利用できますし、書物や資料についての質問や相談に答えてくれるレファレンス・サービスも得られます。また、複写機を利用して必要な資料のコピーを得ることもできます。しかし、最近ではわが国の図書館はこのような図書館本来の機能のためにではなく、大学受験生の受験勉強の場として利用されているのが実情です。国立国会図書館は閲覧者の年齢を満十八歳以上と制限していますが、このような制限も必要ではないかと思われます。

多くの図書館はそこに所蔵している書物について蔵書目録を作成しています。図書館の蔵書目録は、大まかにいうと十九世紀までは冊子体が主であり、二十世紀にはカード目録が主でしたが、二十一世紀はコンピュータの目録が主となるのが長期的な趨勢です。たしかに、しばらくの間はこれらの目録を併用する図書館もあるでしょうが、カード目録のスペースやカード目録とコンピュータ目録を併用することに要するコストを考えると、カード目録は一定以上の規模をもつ図書館ではいずれなくなる運命にあるといえそうです。パソコンに不慣れな利用者のために、タッチパネルなどを活用してコンピュータ目録を操作できるようにしている公共図書館もありますが、図書館を運営する側から見てコンピュータ化のメリットは計り知れず、利用者の側にとっても上手に活用すればメリットが大きいので、コンピュータ化の流れは変らないでしょう。(2)

これまで、多くの図書館は冊子体の蔵書目録をつくり、その蔵書目録を他の主要図書館に贈ることによって、ある図書館で他の図書館の蔵書目録を見ることができるという情報のネットワークをつくってきました。これを国際的な規模にしたものが国立国会図書館であり、そこへ行けばアメリカの議会図書館(Library of Congress)、イギリスの大英博物館(British Museum)やフランスの国立図書館(Bibliothèque Nationale)の蔵書目録が閲覧できるという仕組みです。このように図書館とは、もともとネットワークでした。そして、いまでは図書館の蔵書目録がコンピュータ管理され、多くの場合、電話回線を通じたネットワークによって外部に公開され、図書館のネットワークは従来以上に濃密なものとなっています。そして、熱心な学生や研究者にとってはありがたいことに、日本全国はもとより世界中の図書館の蔵書が、自宅にいながら調査できるという時代が訪れているのです。

このような図書館のオンライン閲覧目録をＯＰＡＣ（Online Public Access Catalog）と呼びます。国立国会図書館の“NDL-OPAC”〈http://opac.ndl.go.jp/〉や、アメリカ議会図書館の“Library of Congress Online Catalog”〈http://catalog.loc.gov/〉がその代表例です。農林水産研究情報センター作成のリンク集“Jump to Library!”〈http://ss.cc.affrc.go.jp/ric/opac/opac.html〉は、日本全国の図書館とそのＯＰＡＣの一覧として役に立ちます。世界の図書館を調べるには、筑波大学附属図書館作成の『図書館リンク集 Libraries in the World 世界の図書館』〈http://www.tulips.tsukuba.ac.jp/other/〉や、英語サイトの“Libweb - Library Servers via WWW”〈http://lists.webjunction.org/libweb/〉が便利です。また、ヨーロッパ各国の国立図書館は共通の窓口となる“The European Library”〈http://search.theeuropeanlibrary.org/〉というサイトを開設しています。

ＯＰＡＣでは、検索画面にある著者名、書名、件名などの空欄にキーワードを入力してクリックするだけで、それに該当する所蔵文献のリストが検索結果として表示されます。たとえば、探したい書物の題名がわかっている場合には、書名欄にそれを入力して検索すれば、その書物の出版情報や図書館の請求記号などが瞬時に得られるのです。ここで注意を要するのは、あるテーマについての文献リストをつくりたい場合のキーワードの選び方です。“Yahoo!”などインターネットの検索エンジンによる情報検索と同様に、ＯＰＡＣの書籍検索でも「アメリカ」というようなあまりにも一般的なキーワードでは、検索結果が多く出すぎてしまいます。そこで、「アメリカ　自動車」のようにスペースの後にもう一つのキーワードを入力することによって、絞り込み検索の機能を使うことが望まれるのです。また、書籍検索の場合にはとくに、「高床式倉庫」のような用語で調べても検索結果が出てこない場合があるので、そのような場合には「日本　古代　農業」「日本　古代　建築」などいくつかのキーワードの組み合わせを試してみるとよいでしょう。一度の検索は一瞬のうちに結果が表示されますが、たった一度の検索で、ある研究テーマについての十分な文献のリストを入手できると安易に考えてはいけません。さまざまの角度からキーワードを選んで、できるかぎり検索漏れがないようにすることが肝要です。

次に、参照したい書物の題名がわかっている場合には、それがどこの図書館に所蔵されているかを調べねばなりません。自分がよく利用する図書館に所蔵されていれば、その図書館のＯＰＡＣを調べるだけで事足りますが、研究が専門的になればなるほどそれだけでは済まなくなり、他の図書館の所蔵調査をする必要が出てきます。これは、最後には最寄りの図書館のレファレンス・サービスを頼りにしてよいことですが、まず自分でやれることとして、国立情報学研究所(NII)の目録システム“NACSIS-CAT”を通じて参加図書館が共同作成している総合目録データベース検索サービス“NACSIS Webcat”〈http://webcat.nii.ac.jp/〉もしくは“Webcat Plus”〈http://webcatplus.nii.ac.jp/〉を検索してみることです。また、図書館と本の情報サイト

“Jcross” 内の『図書館の本の横断検索』〈http://dream.jcross.com/bibcrs/bibcrs2mnu.html〉も所蔵調査をするときには便利なツールです。

参照したい本が、自分が足を運べる距離の図書館に、なおかつ利用資格のある図書館にあれば、そこに出向いていけばよいでしょう。問題は、自分にその図書館の利用資格がないか、あるいは自分が行くには遠すぎる場合です。他大学の図書館など、基本的には自分に利用資格がないと思われる場合には、自分の所属もしくは出身の大学の図書館などに紹介状をつくってもらい、それを持参していくことです。また、全国の公共図書館・大学図書館と国立国会図書館との間には図書館間貸出の制度があるので、遠距離の場合にはその制度を利用すればよいでしょう。やや日数がかかりますが、このような制度を通じて他の図書館の書物を利用することができるのです（ただし、これは個人が直接借りるのではなく、図書館が借りるという手続になります。また、新聞・雑誌にはこのような相互貸出の制度がありません）。

さらに、参照したい書物や雑誌の参照したい頁数まで特定できる場合には、有料ですが、図書館間の文献複写依頼の制度も利用できます。ただし、これは、自分がどうしても足を運べない場合に使うべき最後の手段です。最近では、自分の足を使わずに、図書館のホームページから何でも大量に文献の複写を依頼するような学生・大学院生が増えていると聞きます。しかし、研究上の思わぬ発見というものは自分の足を使ってこそ見つかるものですし、自分勝手な都合で図書館という公共施設に過重な負担をかけることは慎まねばなりません。（国立国会図書館については、インターネットで資料の複写を依頼できる登録利用者制度が整備されているので、上手に活用されることをお勧めします。登録利用者制度では、関西館に限りますが、インターネットで資料の閲覧予約をすることもできます。）

ところで、専門的な研究では、広く流通している書物ばかりでなく、特定の図書館・文書館でしか閲覧できない特殊な資料を使うことがあります。国立国会図書館のホームページには、「リサーチ・ナビ」というコーナーがあり、書籍・雑誌・新聞から特殊なコレクションまで調べ方が紹介されています。特殊なコレクションについては、この書物の附録として「専門資料所蔵館一覧」という簡単なリストを掲げましたが、専門図書館協議会事業推進委員会編『専門情報機関総覧』（専門図書館協議会）もあります。インターネットで国内の専門図書館を調べるには、“Academic Resource Guide”の『リンク集・専門図書館』〈http://www.ne.jp/asahi/coffee/house/ARG/library.html〉を活用するとよいでしょう。また、各国の公文書館などの施設は、コレクションの紹介や利用案内をそれぞれのホームページで行っているので、実際に訪れる前に十分な事前調査をしておきたいものです。

この書物の附録の「文献をさがすための文献一覧」に掲げた『日本の参考図書』（日本図書館協会）も大抵図書館にあるはずです。これらは新刊書について知るためには間に合いませんから、

『出版ニュース』（出版ニュース社）や国立国会図書館編『日本全国書誌』（週刊、ホームページ版）〈http://www.ndl.go.jp/jp/publication/jnbwl/jnb_top.html〉などを見るとよいでしょう。また、出版の予告としては、日本書籍出版協会『これから出る本』が新刊書店に置いてあります。このほかに、私たちは日々の新聞や週刊誌・月刊誌などの広告欄から新刊書を知ることができますし、より詳しくは書評二紙と呼ばれている『図書新聞』『週刊読書人』が情報源になるでしょう。また『図書』（岩波書店）や『学鐙』（丸善）、『みすず』（みすず書房）、『ＵＰ』（東京大学出版会）、『本』（講談社）、『書斎の窓』（有斐閣）などの出版社のＰＲ誌も役に立ちます。洋書については、丸善や紀伊國屋書店などの店の速報が新刊案内として手近に利用できるものです。洋書を扱っている店にはアメリカの *Books in Print* などのような、その国の出版社の在庫目録が常備されています。(3) 次節で述べるとおり、オンライン書店のホームページでは、新刊洋書の検索をすることもできます。

（１）文献探索の仕方について親切な手引きとなる本として次のようなものが挙げられます。
佃實夫『文献探索学入門・改訂新版』（思想の科学社、一九七八年）。

佃實夫『文献探索法・補訂版』（文和書房、一九七七年）。

紀田順一郎『読書の整理学』（竹内書店、一九七一年）。

斉藤孝・佐野眞・甲斐静子『文献を探すための本』（日本エディタースクール出版部、一九八九年）。

本の探偵団編『新・本を探す本』（フットワーク出版社、一九九五年）。
（２）藤野幸雄・荒岡興太郎・山本順一『図書館情報学入門』（有斐閣、一九九八年）。

（3）洋書の探索については、図書新聞編『海外の本―洋書入門一九八一―』（図書新聞社、一九八〇年）。

3　文献の探索――オンライン情報の利用

情報技術（IT）革命は、図書館の蔵書検索に限らず、広く情報の収集と処理を効率化するものです。たしかに、インターネットは、その他のメディアよりも質的に高度で優れた情報を提供しているわけではなく、学術的な利用のためには、信用に足る情報とそうでない情報とを慎重に見極める必要があります。インターネットは、いわば「諸刃の剣」であり、批判能力のない者が不確実な情報を鵜呑みにしたり、簡単に入手できる情報に満足してねばり強い思考力や探求心が薄れてしまうようでは、かえって学問の妨げになるとさえいえるのです。しかし、それでもインターネットが研究に役立つといえるのは、それが資料の探索を効率化し、それによって節約された時間と労力を、読書・フィールドワーク・思索・分析・執筆などのためにあてることができるからです。そうした意味で、インターネットは、効率的な文献の探索・収集に欠かせない道具であり、それを使いこなす技術（スキル）を身につけることが有益なのです。

国立情報学研究所（NII）〈http://www.nii.ac.jp/〉は、オンライン学術情報の流通の分野で中心的な役割を担っている公的機関であり、インターネットを使って文献を探索することのできる各種のサービスを提供しています。たとえば、GeNii（NII学術コンテンツ・ポータル）

〈http://ge.nii.ac.jp/genii/jsp/index.jsp〉は、NIIが擁する図書情報や論文情報や科研費の研究課題など各種学術情報のデータベースを統合的に検索できるシステムです。『学協会情報発信サービス』〈http://wwwsoc.nii.ac.jp/〉は、わが国の学協会の情報を収集しており、学会のホームページを探すためのリンク集として活用できます。学会の中には、日本社会学会の『社会学文献情報データベース』〈http://www.gakkai.ne.jp/jss/db/〉のように、独自の文献データベースを構築しているところもあります。

書　籍

新刊書籍については、『日本書籍総目録』を刊行している日本書籍出版協会の“Books.or.jp”〈http://www.books.or.jp/〉で、国内で発行された入手可能な書籍(約八十八万点)を検索することができます。また、出版物取次のトーハンが運営するサイト『全国書店ネットワーク e-hon』〈http://www.e-hon.ne.jp/〉や、図書館流通センター(TRC)が運営するオンライン書店「ビーケーワン」〈http://www.bk1.jp/〉でも同様に新刊書籍を検索することができます。

紀伊國屋書店〈http://bookweb.kinokuniya.co.jp/〉やアマゾン〈http://www.amazon.co.jp〉などの大手書店のホームページでは、刊行中の和書だけでなく洋書の検索も可能です。また、研究分野によっては、極東書店(洋書)、ナウカ・ジャパン(ロシア書籍)、東方書店(中国書籍)、雄松堂書店(学位論文、マイクロフォーム)など、特徴のある専門店のホームページからも文献情報を入手したいものです。

古書については、個々の古書店のホームページでも調べることができますが、古書店の連盟や組合が運営している古書検索エンジンを使えば、加盟店の在庫を一度に調べられるので便利です。たとえば、神田神保町のオフィシャルサイト『BOOK TOWN じんぼう』〈http://jimbou.info/〉の古書データベース、東京都古書籍商業協同組合の『日本の古本屋』〈http://www.kosho.or.jp/〉、(有)紫式部の『スーパー源氏』〈http://sgenji.jp/〉が主なサイトとして挙げられます。

雑誌論文

どのような雑誌が出ているのか、何号から何号まで出ているか、といった雑誌そのものの目録としては『雑誌新聞総かたろぐ』(メディア・リサーチ・センター)を参照されるか、先に紹介した“NACSIS Webcat”で検索するのがよいでしょう。オンラインで刊行の情報を発信している雑誌については、名古屋大学附属図書館作成の『国内雑誌へのリンク集』〈http://www.nul.nagoya-u.ac.jp/db/mag/index.html〉で調べることができます。また、官公庁の刊行物や資料を探す場合は、『電子政府の総合窓口』〈http://www.e-gov.go.jp/〉や「政府刊行物/官報/官報公告」のホームページ〈http://www.gov-book.or.jp/〉を見ることになります。また、大都市には政府刊行物サービスセンターが、県庁所在地には政府刊行物サービスステーションがありますから、直接訪ねてみるのがよいでしょう。

どの雑誌や紀要にどのような論文記事が掲載されているかを調べるのは、かつては骨の折れる仕事でした。しかし、現在では、オンライン情報によって書籍と同様に探索しやすくなっています。雑誌論文については、差し当り国立国会図書館ＯＰＡＣの「雑誌記事索引検索」を使って調べるのがよいでしょう。また、大学等の紀要については、国立情報学研究所の論文情報ナビゲータ"CiNii"〈http://ci.nii.ac.jp/〉で検索することができます。分野ごとに見ると、たとえば、国文学研究資料館の『国文学論文目録データベース』〈http://base1.nijl.ac.jp/~ronbun/〉のように、オンラインで書誌情報が得られる場合もあります。学会誌については、多くの場合、各学会のホームページに最近発行した学会誌の目次が載せられています。海外の雑誌論文については、とりあえず無料サイトの"IngentaConnect"〈http://www.ingentaconnect.com/〉や、"Google Scholar"〈http://scholar.google.co.jp/〉で検索するとよいでしょう。

有料サービスでは、日外アソシエーツ社の"MAGAZINEPLUS"が国内で最大規模の雑誌記事データベースです。海外の有料サービスとしては、OCLC(Online Computer Library Center)提供の"FirstSearch"やProQuest Information and Learning社の"ProQuest"やThomson Gale社の"InfoTrac"などの大規模な学術データベースで雑誌論文の検索ができます。

国立情報学研究所の論文情報ナビゲータ"CiNii"〈http://ci.nii.ac.jp/〉は、日本の学協会が発行する学術雑誌の論文を無料で検索することができるだけでなく、一部の雑誌については有料・

無料で資料の全文を表示するサービスも始めています。アメリカでは、すでにさまざまの機関が電子ジャーナルのサービスを行っており、とくにアンドリュー・W・メロン基金のプロジェクトの一環として創設された非営利団体“JSTOR”〈http://www.jstor.org/〉のデータベースには、人文・社会科学から一般科学まで約一二〇誌の創刊号から数年前までのバックナンバーが収録されています。

新聞

新聞記事については、比較的最近のものは各新聞社のサイトで検索・閲覧できますが、古い記事については『聞蔵』(朝日新聞)や『日経テレコン21』などの有料サービスを利用することになります。『今日のニッポン』〈http://www.todays.jp/〉は、地方紙のリンク集です。『ニューヨークタイムズ』『ワシントンポスト』『ガーディアン』『ルモンド』など、海外の新聞については、登録が必要な場合もありますが、最近の記事を無料で読むことができます。古い記事を読むには、有料となります。世界の新聞を調べるには、“Internet Public Library”の新聞リンク集〈http://www.ipl.org/div/news/〉などを利用するとよいでしょう。

インターネット・リソース

書籍・雑誌・新聞などの出版情報をオンラインで検索・閲覧するほかにも、インターネット上には研究に役立つ資料として、政府やさまざまの団体が発する各種の情報が豊富に存在しています。ただし、この節の最初に述べたとおり、インターネットには、信憑性に乏しい情報も多く含まれていますので、どれが研究上有意義な情報であるのかを識別しなければなりません。そこで役立つのが、“Yahoo!”などの一般の検索ツールとは異なり、学術的に価値ある情報だけを選り分けたうえで研究用につくられたサブジェクトゲートウェイです。

代表的な例としては、カリフォルニア大学リバーサイドキャンパス図書館の“INFOMINE”〈http://infomine.ucr.edu/〉、イギリスの“Intute”〈http://www.intute.ac.uk/〉などが挙げられます。

インターネット・リソースの中には、政府公文書や統計情報のほか、国立国会図書館の『電子図書館』〈http://www.ndl.go.jp/jp/data/endl.html〉や米議会図書館のPrints and Photographs Reading Room〈http://www.loc.gov/rr/print/〉が公開しているような貴重な画像資料も含まれます。ただし、インターネット上の画像についても、写真集などの画像と同様に著作権がありますので、そのことは注意しなくてはなりません。もちろん、それは、ホームページに掲載された文章についても同じことです。書籍や雑誌の場合と同様に、著作権を尊重しなくてはなりません。

本節で取り上げたオンライン情報を利用した文献探索法については、西岡達裕『オンライン情報の学術利用――文献探索入門』(日本エディタースクール出版部)に詳しい説明があります。

4　文献目録の作成

このようにして、文献名を次から次へと探し出して行きますと、文献名をきちんと記録しておかなければなりません。その場合、カードやノートに手書きで記録をとることもできますが、最終的に何十件、あるいは百件以上という文献を利用するような研究の場合には、パソコンを使ってデータファイルとして保存する方がはるかに能率的です。かつて書誌情報の主な入手方法が冊子体やカードの文献目録であった時代には、ペンを使って一件一件の文献をカードやノート類に筆写しなければなりませんでした。しかし、現在ではパソコンで書誌情報を入手することが多くなっているわけですから、検索結果をコピー・アンド・ペーストしてワープロソフトなどに一気に写し取り、それを後で必要に応じてさまざまに加工し、整理した方が、事務処理が早いのです。実は、既存の目録データをコピーして加工するという手法は、現在、多くの図書館で目録の作成に際して行われている方法(コピー・カタロギング)と基本的に同じものであります。

どのような文献にいつ出会ったか、その書物から何を得たかを、自分の研究の発展の歴史として辿ろうとするならば、ノートに順々に記入して行く方が便利でしょう。そのような読書記録のノートは、大学ノートや情報カードに書き残してもよいし、もちろんパソコンを使って作成・保存してもよいでしょう。もともと手書きでもパソコンでも、どちらでも自分の好みに従って決めればよい性質のものだと思います。いわば泳ぎのできないうちに水着の柄を選ぶようなもので、水泳の訓練こそが大事であることはいうまでもありません。

ともかく、ノートやカードを使用する場合には、規格を一定にしておくことが何よりも必要です。引用や統計あるいはメモのためのカードは「京大カード」などと呼ばれている縦一二・八センチ、横一八・二センチの大きさの、一三穴のついた「マルゼン・文献カード」で統一するのが便利でしょう。ノートにせよカードにせよ、あくまでも自分が使うものですから、大きさや紙の厚さ、紙の色や罫の色など、自分にとって都合のよいものを選ぶことが大切です。パソコンを使用する場合は、文書データは「ワード(Word)」や「一太郎」などのワープロソフトで管理し、統計については「エクセル(Excel)」などの表計算ソフトで管理するのが一般的ですが、データ管理のために使いやすいものがあれば他のソフトを使ってもかまいません。

文献名を記入するパソコンのデータファイルと引用等の内容に関係するカードやデータファイルとは別に保管した方がよいでしょう。カードを使う場合に、バインダーでとじるか、カード・ボックスに入れるかといった点は、カードの量に応じて自分なりに工夫すればよいでしょう。ただ、文献名のためのデータファイルだけはそれだけ独立させて保管しておく方が、あとあとのために便利です。文献目録用のデータファイルには、次に説明する書名等の出版情報とその所在とを明記しておき、ほかには何も書かない方がよいのです。そのようにしてパソコンで作成された文献データのファイルは、最終的には論文の原稿の一部として加工されます。

文献名を記入する時は、次に挙げる諸点を決して落してはなりません。文献名は後に論文を執筆する場合に、注などの形で記載することになりますので、予め用意しておくのです。

和書の場合

著者名(編著者名、翻訳の場合は訳者名)。書名(書名については『 』を用いて正確な題名を記します。サブタイトルがあればそれも落さないこと)。出版社名。刊行年。できれば、全体の頁数。たとえば、

升味準之輔『現代政治と政治学』(岩波書店、一九六四年)三六八頁。

ヴィルヘルム・ヴント『民族心理より見たる政治的社会』平野義太郎訳(日本評論社、一九三八年)二〇、四〇〇、二八頁。

このヴィルヘルム・ヴントの書物について原著名がわかるならば、これが Wilhelm Wundt, *Völkerpsychologie*, Bd. VIII, Die politische Gesellschaft (1917) の邦訳であることも記入しておくとよいでしょう。また、頁数について、二〇、四〇〇、二八頁とあるのは、この本が序文の部分が二〇頁、本文の部分が四〇〇頁、索引の部分が二八頁という頁付になっているからです。図書館の目録を見ると、たとえば、

日本放射性同位元素協会編　アイソトープ便覧　東京　丸善　昭和37(1962)　xvii, 950 p.

22 cm.

と表示してあります。これは、編者、書名、刊行地、出版社ないし出版機関、刊行年の順に並んでおり、ローマ数字のxviiは序文の部分の前付の頁数が一七であること、950 p.は本文の頁数が九五〇であることを記しているのです。最後の二二センチは表紙の高さです。私たちの場合、図書館用の正式の目録とは違って、この頁数の記入には神経質になる必要はありませんが、後で必要になることがありますので、できれば頁数も落さない方がよいでしょう。また、刊行地については、日本では出版社名がわかっていれば十分ですから、東京とか京都とかは記入しなくてもよいのです。また、表紙の高さによって本の大きさの見当が付くのですが、これも私たちの目録の場合には必要ありません。

洋書の場合

著者名。書名(イタリックで)。刊行地。出版社。刊行年。頁数。たとえば、

Guenther Stein, *Far East in Ferment* (London, Methuen, 1936), viii, 244 p.

この場合も頁数のviiiは序文などの前付、244 p.は本文の頁数です。アラビア数字やローマ数字は、その書物にある表示のまま記しておけばよいのです。(このほかに書物の版の異同をどうするかなどの細かい問題もありますが、それらは第五章で説明します。)

雑誌論文の場合

雑誌名を『　』に、題名を「　」に入れ、とくに雑誌の巻・号数を誤りなく記入しておく必要があります。たとえば、

森田三郎「人類学における国家の起源」(『知の考古学』三号、一九七五年七・八月号)八八―一〇〇頁。

この雑誌は巻数がないので、号数だけですが、巻・号数は落してはいけません。一九七五年七・八月号というのは、七月と八月との合併号の意味です。注記の場合はこの年月の部分は不要になりますが、自分のためのメモとして落さない方が便利でしょう。また、その雑誌の何頁から何頁までに当の論文が載っているかについても記しておく必要があります。洋書の雑誌論文の場合は、たとえば次のように書きます。

Feroz Ahmad, "The Young Turk Revolution," *Journal of Contemporary History*, Vol. 3, No. 3(1968), London, Weidenfeld & Nicolson, pp. 372–409.

これは執筆者名、論文名(ダブルクォーテーションでかこむ)、雑誌名(イタリックで)、巻数、号数、刊行年、刊行地、出版社名、掲載頁の順で配列されております。

電子出版物の場合

CD―ROMなどの電子出版物は、右に述べた和書、洋書、雑誌論文の表記の方法に準じますが、それがCD―ROM版や電子版(Electoronic Version)であることを明らかにする必要があ

ります。

『世界大百科事典』第二版、ＣＤ－ＲＯＭ（日立デジタル平凡社、一九九八年）。

オンライン情報については、文献表記の末尾の部分に、最後にアクセスした日付および山括弧〈〉の中にネットワーク上のアドレス（ＵＲＬ）を表記します。その際、ＵＲＬが二行以上にまたがる場合は、スラッシュ記号（/）かピリオドの位置で改行します。

『衆議院憲法調査会ホームページ』二〇〇四年九月二四日〈http://www.shugiin.go.jp/
index.nsf/html/index_kenpou.htm〉.

ＵＲＬを指定することによってサイト内の特定の記事にアクセスできる場合には、当該のサイトのホーム（メイン）ページではなく、できるかぎりその記事のＵＲＬを明記します。

「高等弁務官、アフガン避難民への国境開放を訴える」アフガニスタン情勢・プレスリリース（二〇〇一年九月二〇日）『国際連合難民高等弁務官事務所（UNHCR）ホームページ』二〇〇四年九月二四日〈http://www.unhcr.or.jp/afghan/press/pr010920.html〉.

もっとも、ネットワーク上の記事は、必ずしもすべてＵＲＬを指定することでアクセスできるわけではありませんので、記事のＵＲＬの代りに当該のサイトのホーム（メイン）ページや検索ページのＵＲＬを指定せざるをえない場合もあります。有料データベースなどの場合は、検索機能によってすぐに記事を特定できるという事情を考慮して、記事ごとにつけられている非常に長々としたＵＲＬの代りに、データベース自体のＵＲＬを表記すれば十分であると考えられます。

Barton J. Bernstein, "The Atomic Bombings Reconsidered," *Foreign Affairs*, Vol. 74 (January 1995), ProQuest database, 24 September 2004 〈http://proquest.umi.com/〉.

実は、電子出版物の学術利用については、まだ歴史が浅いために、その表記の方法も十分に確立されているとはいえないのが現状です。たとえば、オンライン情報の表記の仕方としては、ＵＲＬを〈 〉で括らない書き方や、ＣＤ－ＲＯＭの場合と同じように「オンライン」「インターネット」という説明語句を挿入する書き方や、アップロードの日付とアクセスの日付を区別しやすいように後者の日付の後に「参照」とつけくわえる方法などがあります。この書物では、もっとも簡素な表記方法を示しましたが、どこまで簡素であるべきか、あるいはどこまで丁寧であるべきか、は意見のわかれるところでしょう。(1) いずれにせよ、論文を提出する先の機関が執筆要項で表記法を示しているような場合にはその表記法に従って、できるかぎり規則的に文献を表記する必要があるのです。

以上のような文献目録に記入すべき諸項目は、注記する場合に多少の変動はありますが、文献に当った場合、少なくとも以上の点だけは必ず落さないようにすることが大切です。

文献目録を作る時に忘れてならないことは、その文献がどこにあるかを記入しておくことです。

どの大学のどの研究室にあるか、どの図書館にあるかを記入しておくのです。できればその図書館の分類番号も記入しておくと閲覧の時に便利でしょう。

このようにして始められた試行錯誤的文献目録は、実際に文献に当って読み進めるうちに、次第に改良されてくるはずです。たとえば、標題だけは自分のテーマに関係がありそうであったが、内容は全く貧弱でとるに足りないものや、内容上自分とは関係のないものも出てきます。そのようなものは自分のテーマに関する文献目録から省くことになります（ただし、その文献データは別のデータファイルにコピーして保存しておくほうがよいでしょう。後になってもう一度読み直す必要が生ずる場合があるからです）。一方、次々に新しい文献に出会うことによって、目録は次第に肥ってくるでしょう。

（１）もっとも丁寧な表記方法の例として、科学技術振興機構の『科学技術情報流通技術基準 SIST ハンドブック』二〇〇三年版の「参照文献の書き方（補遺） 電子文献参照の書き方」〈http://sist-jst.jp/handbook/sist02sup/main.htm〉を参照。

５　ノートの記載

文献名の記録だけでは研究そのものにはなりません。研究の資料を記録する仕事こそが重要なのです。文献を次々に読んで行くうちに、ノート（あるいはカード）も、引用文や感想・疑問などで埋まって行きます。このノートの取り方もかなり工夫を要するところです。ノートをどのように書くかは、人の好みもあるでしょうし、一定の方法があるわけではありません。パソコンを使っても、手書きであってもかまいません。ただし、当り前のことですが、読みにくい字で書いて、後になって自分でも判読できないようなものであっては困ります。あくまでも自分の能率本位に考えて、それぞれの流儀を考案すべきでしょう。

　私が感心しているノートは、レーニンの『哲学ノート[1]』や『帝国主義論ノート[2]』です。レーニンは図書館を実によく利用していますが、コピー機もない時代ですから、書物からの書き抜きは手書きです。そのページ数もきちんと記入してあります。その引用した部分について、感心した場合には「！」をつけてあったり、笑った場合には「ハハハ」などと書いてあったりして面白いものです。あるいは「注意！」「重要」と書いたり、原著者の誤りを指摘したりしています。さらに引用部分にアンダー・ラインを附して問題点の重要度を一目瞭然としています。このノートはそのまま日本語にも訳されているので、誰でも利用できるものですから、レーニンの政治思想に対する評価の如何を問わず、一度は見てみるとよいと思います。引用の部分と自分の意見の部分とが整然と分かれ、学者としてのレーニンの研究の精密さと深さをうかがうことができます。

　このように、ノートの取り方はそれぞれ工夫すべきものですが、ここでは差し当り最小限必要なことだけ述べましょう。

（一）引用文は正確に書くこと

最近はパソコンやコピー技術が進んで、以前のように筆写する労が大分省けるようになりましたが、それでも自分の手で書かなければならない場合は多いはずです。たとえば、一頁の中の一行だけを引用する場合など、コピー機にかける必要はないでしょう。自分の手で書き写すという作業は、同時に、自分の考えを深めるという役割をも果しているのです。

引用したい部分を筆写していると、原著者の誤りではないかと思われる箇所につき当ることがあります。たとえば「大正四年」と書くべきところを「太正四年」と書いてあれば、明らかに誤りです。このような場合、テキストが日本語であればその字の脇に「ママ」と記しておきます。外国語ならば、その字の上に sic と付けます。自分で勝手に訂正してはいけません。それが原著者の不注意による誤りであることもありますが、原著者の独特の表現とか、意識的に字を変えて書くこともあるからです。

（二）引用文と自分の文章の区別を明確にすること

たとえば、原文には「かの偉大な哲学者は……」とある場合、この部分を引用する時にはそのままノートにとらなければなりません。その偉大な哲学者がカントであることに間違いないと思うならば、〔　〕（キッコー）をつけて、「かの偉大な哲学者〔カント〕は……」と書いておかなければなりません。この〔　〕は自分が補ったという意味です。この場合、（　）（パーレン）を使ってはなりません。（　）は原文そのものの中に使われることが多いので、（　）を使うと後になって自分が補ったものか、もともとあった括弧なのか区別がつかなくなるからです。

筆写であれ、コピー・アンド・ペーストであれ、自分のノートやデータファイルに他人の文章を引用した部分は「　」をつけて、どの文献の何頁からとったかを明記しておかなければなりません。また、できればその文献を読んだ日付を隅の方にでもメモしておくと後に役に立つことがあります。とくにオンライン情報を参照した場合は、出典の注を書くときにアクセスの日付を併記するというルールがあるので、閲覧した日付の記録をとっておく必要があります。

ノートの場合、見開きの両頁ではなく、片側の頁だけを使う方がよいでしょう。紙が勿体ないようですが、一方の余白には自分の思いつきとか感想とかを書き入れるために使うのです。カードにしても両面ではなく、一面だけを使う方がよいでしょう。

あるいは、引用の部分は青インクで、自分のコメントの部分は他の色で書くという人もいます。あるいは紙の色そのものを変えるという人もいます。それぞれにいろいろな工夫ができますが、要するに自分の書いた部分と引用文とが混合しないようにすることが大切なのです。

(三)　台紙としてのノート

統計・グラフ・図版・写真・新聞の切り抜きなどは、ノートなりカードなり、規格の揃ったものを台紙にして貼りつけておくとよいでしょう(表裏両面を見ることが必要な場合は、最近では透明な袋にファイルするクリーンホルダーというものが出ていますから、これもサイズを統一して利用するとよいと思います）。ノートやカードは、ただ書くためにだけあるものではありません。このように台紙として使うことができるのです。

このようなノートとは別に、小さい手帖を常に携帯しておく必要があります。思いつきやら、人の談話、文献の所在などを忘れないうちにいつでも書き入れるためです。しかし、このメモ帖の利用も、すぐに別のノート（ないしデータファイル）にきちんと書き直す習慣をつけないと、かえって混乱のもとになることに注意する必要があります。

（1）レーニン『哲学ノート』松村一人訳、二冊（岩波文庫）、（岩波書店、一九七五年）。ソ同盟共産党中央委員会付属マルクス・レーニン主義研究所編『レーニン全集』マルクス・レーニン主義研究所訳、第三十八巻（大月書店、一九六一年）。

（2）前掲、邦訳『レーニン全集』第三十九巻（大月書店、一九六二年）。

6　大量の文書データの管理

今日では、コピー機やパソコンの普及によって、本棚に並べる書籍や机の引き出しに入るノート類のほかにも、さまざまの形で大量の文書データを手元に置いておくことができるようになりました。デジタルの資料は、大辞典が一枚のディスクに収まってしまうくらいですから、たいへんな省スペースになります。また、コピー機は、筆写に費やされてきた時間を大いに節約してくれます。こうした技術の発達は、研究のための物理的な環境が著しく改善されたことを意味します。しかし、いくら手元に置いて使用できる資料が増えたとしても、自分自身のデータ管理がしっかり出来ていないと、かえって混乱のもとになりかねません。情報は量が多ければよいというものではなく、良質のものを選り分けて、すぐに使えなければ意味がないのです。

コピー機を使って大量の文書を複写したり、コピー・アンド・ペーストの機能を使ってパソコンに大量の文書データを保存する場合には、整理の仕方を工夫しないと、どの資料がどこに保管されているか、後で自分でもわからなくなってしまう場合があります。そのような危険に陥らないために、大量の文書（データ）を管理するうえで参考にしたいのは、公文書館における資料の分類と整理の方法です。公文書館では、多くの文書「コレクション」が、「ボックス」「フォルダ（またはファイル）」「文書」という階層のもとに整理・保管されています。つまり、一つの文書コレクションに分類される文書は、関係するテーマ・人物・時期などの別に数十箱から数百箱のボックスの中に分類され、一つのボックスの中の文書は、より小さなテーマや時期などの別にいくつかのフォルダの中に分類されており、それぞれのフォルダの中に、テーマや時期の類似した数点ないし数十点の文書が収められています。そして、コレクション、ボックス、フォルダ、文書には、それぞれに名前や番号がつけられます。大量のコピーを用いる場合には、この仕組みをまねて市販の書類ケースや事務用ファイルを整理のために使えばよいのです。また、パソコン内でデータ管理をする場合でも、理論的にはこれと同じことをやればよいわけで、データファイルを何でも一つのフォルダに入れてしまうのではなく、フォルダの階層を計画的に作成したうえでデータファイルの保存場所を決めるようにすればよいのです。

パソコンに保存された研究のためのデータは、絶対に紛失したくないものですが、ノートが火事で焼失するよりもはるかに高い確率で失われる危険があります。万一、パソコンがウイルスの被害にあうなどして、データファイルを読み込めなくなるのでは何にもならないので、必ずフロッピーやフラッシュメモリやＣＤ－ＲＷなどの追記可能なメディアにもこまめにデータのバックアップをとり、また、一部はプリントアウト（印刷）したものを保管しておきたいものです。

第三章　論文の構成と体裁

1　論文の構成

漢詩に絶句というものがあります。五言絶句と七言絶句とがありますが、どちらにしても、起・承・転・結という四つの句から成るものです。『唐詩選』などには多くの絶句が集められているのは御存知でしょう。この起・承・転・結とは、この四つの句の並べ方についての呼び名です。第一句を「起」と呼び、まず詩想を提出するものです。次いで起句を承ける第二句を「承」と呼び、第三句の「転」は詩意や情景・気分・話題などを一転し、第四句の「結」で全体をまとめるのです。このような順序が絶句の一つの約束になっており、そこから「起承転結」という言葉が一般に物事の順序を指す場合に使われます。

論文は漢詩ではありませんから、起承転結の約束に拘束される必要はありませんが、それでも全体の構成に何らかの筋がなければなりません。詩や随筆とは異なって、学術論文では比喩の巧みさや語り方の面白さではなく、内容の真理性によって評価されることはいうまでもありませんが、その学術的内容を読者に伝えるためには、論述に秩序がなければならないのです。いわゆる型破りの論文があってもよいのですが、それは因襲的な型からは自由であるにしても、自分の知見を読者にわからせるためのそれなりの筋書きを備えなければなりません。

資料を集め、分析と考察を進めるうちに、そのテーマについての自分の見解というものがおぼろげながらまとまってきます。その見解をどのような順序で書くかを考えながら、しかもさらに研究を進めて行く、そのような過程の間に論文の構成プランがかたまってくるでしょう。しかも、実際にはその構成プランは絶えず修正を加えられることになります。たとえば、初めは序論として書くつもりであった部分が意外に膨脹したために、それだけで一篇の論文としてまとめることになる場合もありますし、一定の枚数を予想していた部分が資料の不足のために縮小せざるを得ない場合も生ずるでしょう。あるいは、ある論点について疑問百出の状態になり、その論点の解明には他日を期待することにして、差し当りその部分は削除するといった場合もあるでしょう。当初のプランはこのようにして一転二転し、だんだんと落ち着いてくるものです。しかし、そのような修正と変化を予め覚悟した上で、ともかくも初めに自分なりの論述プランを立ててみることから出発しなければなりません。

漢詩の起承転結のように、論文では、「序論」「本論」「結論」という三つの部分があるのが普通です。「序論」については「序」「緒論」「緒言」などの言葉を使ってもよいし、「結論」を「結語」「結び」などと言い換えてもよいのです。また、「本論」の部分には、本論は分量の上では論文の大部分を占めるものですから、「本論」という言葉がそのまま用いられることは珍しく、テーマに即した言葉が用いられ、本論の部分が幾つかの章・節に分けられるのが普通です。たとえば「ロシア革命と農民問題」というテーマであれば、全体の構成を、「序論」次に本論として「ロシア農村の階層分析」「農民運動の展開」「農村における変革の特質」の三章、そして「結論」といった具合に組み立てることもできましょう。

「本論」の部分について、自然科学の論文では「材料と手続・方法」「結果」「考察」というパターンが一般的ですが、このパターンはもちろん社会科学・人文科学の分野でも使うことができます。「材料と手続・方法」はどのような資料をどのような仕方で処理したかを述べるものです。自然科学の場合は実験・観察が主な方法ですが、人文・社会科学の場合は調査・質問・資料の吟味などそれぞれの分野の独自の研究方法がありますので、自分がどのような方法を採ったかを説明しなければなりません。「結果」とは材料を処理した結果について説明するものです。それは場合によっては文章による以外に、数字やグラフなどで現わす方が適当であるかも知れません。いうまでもなく、この部分の記述はさきの「材料と手続・方法」の部分と論理的に整合的でなければなりません。「考察」とは、「結果」について批評し、議論する部分です。研究の結果を考察して、従来の諸説とどのように違うか、どの点が自分の発見した新しいところであるのか、さらにどのように問題が新たに提起されたのか、自分の研究が残した問題はどの点か、などを論ずる部分です。いわば論文のもっとも核心的な部分です。この基本的な部分がなければ、論文の目的は達成されないことになります。

このように論文の構成にはさまざまな仕方があります。型破りを狙う論文にしても、何が問題であり、何が結論であるかを明確に書かなければなりません。つまり骨組がなければならないのです。全体を何章に分けるか、それぞれにどれだけの分量を割り当てるかをまず考えて、研究の深化とともにその構成を修正しながら、論文の執筆を進めるのが能率的でしょう。

なお、論文の最終的な完成のためには、文献目録が必要ですし、場合によっては年表・統計・図表などの附録が必要になります。あるいは資料の入手や分析に特殊な便宜を得た場合に付ける謝辞を落してはならないこともありますが、それらのアクセサリーについてはこの章の第3節で触れます。

以上のように、論文には、普通、序論があり研究内容としての本論があり、最後に結論が来るのですが、実際に文章を書く場合には必ずしもこの順序に従わなくてもよいのです。本論を書き、結論を書き、最後に序論を書く方が能率的である場合もあるのです。論文の執筆とはトンネルを掘る作業に似ています。土質が柔らかく一日に何メートルも掘り進むことができる時もあるでしょう。また固い岩盤に突き当って一メートルを掘るために何日も費やす場合もあるでしょう。同様に、一日に何枚も書くことができる時もあり、一日に一行しか書けない時もあるでしょう。このように、投入するエネルギーと書き上げた論述の量とは機械的に比例するものではありません。研究内容によって一概にはいえませんが、書きやすい部分から始めて難しい箇所を後廻しにするのも一つの便法です。しかし、そのような便法が許されるのは、全体の構成プランがしっかり出来上っているからです。全くプランなしでいきなり執筆にとりかかるのは、土地の測量なしにトンネルを掘るようなものです。

2 序論の役割

論文の構成をかりに序論・本論・結論と分けた場合、もっとも書きにくい部分は序論ではないかと思います。さきに、本論・結論を書いてから序論にとりかかるのも一つの便法であると述べた理由もそこにあります。本論や結論では自分の研究成果を素直に文字に移せばよいのですが、序論は読者を自分の論文の世界に引き入れるという役割を担っているだけに、序論の執筆には工夫が必要となります。

大部の著書の場合には序論とは別に「序文」「まえがき」などと呼ばれる短い文章を冒頭に置きますが、これは主にその書物を執筆・出版する動機、その書物の意図するもの、あるいは謝辞など主に個人的な感想を簡潔に述べる場所です。しかし、このような序文は著書の場合には普通ですが、それほど分量が多くない論文の場合には必要ありません。このような序文とは異なって、論文の不可欠の構成部分としての序論はそれ自体が学問的研究の表出でなければなりません。

序論はまず読もうとする関心をそそるものでなければなりません。自分が研究しているテーマに読者が必ず関心を持つとは限りません。第一章で述べたように、論文のテーマは狭く限定した方がよいのですから、そのテーマに関心を持つ人は限られてきますし、そのテーマが特殊であり新奇であれば、いよいよ読者にそのテーマの意義を説明しなければなりません。しかも、序論は本論に比べて短いので、その中で要を得た説明を与えなければならないのです。

序論にどの程度の枚数を割り当てるかは決まってはいませんが、常識的に考えて、序論が本論より長いのは奇妙です。といって序論は単なる前置きや挨拶ではありませんから、二行や三行で済ませてしまうわけにも行きません。一応、序論の枚数として論文全体の枚数の一割程度に抑えて書いてみるのが便宜であろうと思います。

序論の役割はまず読者を自分の研究分野に導き入れることにあります。自分が研究したテーマを読者にとって既知となっていると思われる世界と結びつけることによって、読者の関心を引きつけるのです。学術論文の場合、その読者としては不特定の大衆ではなく、人文科学なり社会科学なりの専門家を予想しているのですから、その学問分野において常識化している事実については説明する必要はありません。たとえば、「フランス革命におけるカトリック教会の政治的動向」

という論文の場合、フランス革命という出来事は歴史学界の読者にとっては既知の事象ですから、自分が何故カトリック教会を取り上げるのかを説明しなければなりません。この論文において教会の政治的動向を解明することが、フランス革命の経過についての常識的なイメージに訂正を求めることになるのか、あるいはフランス革命の歴史的意義の評価に関するある学説を補強するのか、批判しようとするのか、このような点を予め説明するのです。フランス革命史に関連するさまざまな問題群の中から、教会という問題を引き出した根拠、その問題と自分とのかかわり合いについて読者を説得するのです。読者はそこでフランス革命という大事件からカトリック教会の内側へと引き込まれ、カトリック教会の役割が重要らしいと感じた時、その論文の論証の仕方と結論とに期待して次へ読み進むことになります。

このようにして、序論は執筆者と読者が邂逅する場となり、執筆者の世界へ読者を案内する入口となるのです。

序論に盛り込むべき内容は、以上のような自分のテーマへ誘導するための説明にとどまりません。そのテーマについてこれまでにどれだけの研究が積まれ、どのような学説が出現しているか、そしてどのような点が未解決の問題として残されているのかを説くことも必要な仕事です。言い換えると、研究史の要約と問題の所在についての簡潔な説明を与えなければならないのです。

私たちが何らかの研究を始める場合に、無から出発するのではありません。そもそも私たちが政治学なり英文学に関心を持つこと自体、いろいろな書物を読んだからでありましょう。この間にいろいろな疑問が生まれます。ある疑問は先学の研究を読むことによって解決されるかも知れません。ある疑問は本人が素朴に意識している以上に学界の核心的問題であって、それこそ何を読んでも解決に至らないかも知れません。もともと学問研究というものは、何らかの疑問のあるところに出発し、私たちは疑問をかかえながら研究に飛び込むのです。この辺りにいわゆる博学（物知り）と、研究との違いがあるのです。単にひろく物を知っているだけでは研究には直結しません。疑問があればこそ、調べてみよう、考えてみようという意欲が湧いてくるのです。

このようにして、私たちが論文にとりかかるということは、一定の知識の集積を前提としているのです。あるテーマについては既に先学が研究してある結論に達しており、自分がその結論に賛成であってそこから一歩も出ないのならば、もともと論文を書く必要はないのです。既に達成されたものを越えようとするところに論文の出発点があるのですから、論文の書き出しに当って、既に達成されているものと、自分が越えようとする企図とについて腑分けをした説明を与える必要が生ずるのです。

この研究史の記述にもいろいろな方法があります。場合によっては研究史を整理することだけで一仕事になってしまいます。研究史を整理し、どこに問題があるかを指示することだけでも一つの論文になることもあります。

研究史の記述がかなりのスペースを必要とする場合、その部分は序論に入れないで別の章（ないし節）として独立させた方がよいでしょう。しかし、その研究史の概略がわが国の学界でほぼ常識となっていると思われるような場合は、簡潔に要点だけを提示するにとどめて序論の中に盛り込む方が読みやすいように思われます。もっとも典型的なスタイルとしては、ある問題についてA説の系列とB説の系列とがあり、最近はC説が唱えられている、といった記述があります。これは学説がこのように分かれている場合には比較的楽な書き方です。たとえば日本史上の問題である『魏志倭人伝』の耶馬臺国が北九州にあったか近畿地方にあったかの学説史などはまとめやすいテーマです。しかし、そのような地理的位置ではなく全く別個の方法で耶馬臺国問題に取り組もうとするならば、この学説史の記述はごく簡単に済ませて、自分が提起する方法についての説明に重点を置いた方がよいでしょう。

このようにして、自分の仕事を従来の研究史に位置づけ、自分の出発点を吟味することが、序論に与えられたもう一つの役割といえましょう。

さらに、自分が何らかの新奇な資料を利用する場合、あるいは資料に制限のある場合、その点を断っておくのも序論においてであります。たとえば十八世紀インドの水利問題を扱った論文には「本稿で使用される史料は、G・C・ワード編『サタラの王及び宰相の日録選』（全九巻）に収録されているマラーティー語史料である(1)」と序論で断ってあります。この執筆者は別の論文でこのマラーティー語史料について解説しているので、この論文ではその旨を注記してあるだけですが、自分が使う資料が一般に知られていない場合、その資料についても序論なりその注の部分なりで説明しておく必要があります。

このようにして、序論で自分のテーマの意義、その素材、その方法などを読者に説明しながら、論証と結論へと読者を引っぱって行くのです。序論の書き方について絶対的な規範があるわけではないのですが、以上のような序論の機能を十分に考えた上で創意ある記述が試みられるべきであります。

（1）小谷汪之「十八世紀マラータ王国における水利問題―インド村落共同体論の再検討のために―」松井透編『インド土地制度史研究』（東京大学出版会、一九七一年）所収、七四頁。

3　論文の体裁

序論・本論・結論という構成は、いわば論文の骨組であります。何よりも骨組がしっかりしていることが重要で、装飾やアクセサリーが二の次であることはいうまでもありませんが、それでも、骨組だけでは人体とはいえません。筋肉や皮膚や毛髪などがなければならないのです。すなわち、同じ骨組であるならば、論文の外貌が美しく、肉付きが豊かである方が読む人に好印象を与え、また説得性を増すことは当然です。また、大学や学会または発表機関によって論文の体裁に一定の規則がある場合もありますので、論文の体裁についても予備知識が必要になります。ここでは最小限必要な点として次の諸項を挙げておきます。

(1) 論文の標題　論文の題をきちんと掲げなければならないことはあまりにも当然です。論文の第一頁、すなわち原稿用紙の一枚目はいわば表紙と考えて、論文の標題と執筆者名だけを書くのです(論文を製本して表紙をつける場合は、その表紙にも論文名・執筆者名を記入しておかなければなりません)。場合によっては論文名・執筆者名のほかに論文提出年月日の記入を求められることもあります。また、論文の標題に主題と副題とある場合は両者とも書かなければなりません。

(2) 執筆者名　論文の執筆者が複数である場合もあります。論文が共同研究の成果である場合です。この場合は執筆者全員の名を書きますが、指導者・責任者がいる場合はその人の名を最初に出し、指導者であることをも明記しておいた方がよいでしょう。

(3) まえがき　まえがき(あるいは序文)は、一冊の著書とか、かなり大きい分量の論文の場合に付けられます。百枚以下の論文にはかえって大袈裟な印象を与えますので、ない方がよいのです。ここでは指導や助言を受けた先生や資料の入手・閲覧にとくに便宜を与えてくれた人、調査に協力してくれた人などに対する謝辞を書きます。あるいは執筆者が複数であって、その分担部分を明記する必要のある場合はこの「まえがき」でその旨を断っておくとよいでしょう。

（4）目次　「まえがき」の次に別の頁として「目次」を書いておく必要があります。目次は読者に論文の構成を予め知らせておくために必要です。読者は目次によって論文の内容について予想することができ、また、ある章と他の章との関連を知ることができます。目次にどの程度の段階までの見出し（篇・章・節・項など）を書くべきかは、論文の分量や内容によって異なりますが、五十枚から百枚程度の論文では章・節を書くだけで十分でしょう。「まえがき」や「摘要」「附録」「補論」「文献目録」などのある場合はそれも目次に並べておきます。

（5）摘要（あるいは要約・梗概）　大学なり学会なりの論文を審査する側から摘要を付けることを求められる場合があります。これは論文の要点またはあらすじを短く書いたもので、四百字一枚から二枚程度でまとめなければなりません。これは論文全体の最初の方（目次の前か後）に置かれる場合と、論文の最後に置かれる場合があります。

（6）本文　論文の本文は、既述のように序論・本論・結論という基本的な形式によって構成されますが、この構成の仕方と論述の順序を読者に明確にわかってもらうために、篇・章・節などの段落に分け、それぞれに「見出し」をつける必要があります。なお、「篇」「章」「節」の相違については、大体次のように理解してよいでしょう。かなり分量のある著書の場合、「篇」を使うことがありますが、五十枚から二百枚程度の論文では「篇」を使うのは仰々しくなります。「章」で十分です。全体を何章に分けるかは論文の分量や構成の仕方によって一概にいえませんが、各章の分量があまり不均衡にならないように注意する必要があります。「章」より小さい区分が「節」ですが、これは「章」と違って必ずなければならない区分ではありません。必要があれば、各章を幾つかの節に分ければよいのですが、これも各章での節の数があまり不均衡にならないように注意する必要がありましょう。「節」よりさらに小さい区分として「項」をつける場合もあります。しかし、「項」は見出しの言葉だけで十分で、小さい論文に第一項などとすると、論文の内容の貧弱さをカバーするための大袈裟な装飾という印象を与えます。また、「章」「節」を必ずしも第一章とか第一節とか表記しないで、章についてはローマ数字(Ⅰ Ⅱ等)、節についてはアラビア数字(1 2等)、その下の項や小見出しについては漢字(一 二等)や片仮名(アイウエオ等)やアルファベット(a b等)を使うことも簡潔な印象を与えます。

これらの章や節の見出しは、その段落の内容を表わすものですから、短く要を得た言葉を用いること、他の見出しと明確に区別できる言葉を選ぶこと、本文の文章と区別できるような位置に書くことが必要です。

次頁のA図の一は節に当るもの、A・B・Cは項に当るもので、それぞれその下に見出しの言葉があります。プリンタを使って印刷する場合には、これらの章や節の見出しは、文字の大きさとかゴシック文字の使用などによって、視覚的に一目瞭然となるように工夫されます。また、本文の原稿は、B図のように見出しの前後に余白を多くとるとか、見出しを二字や三字下げて書く

第二章　恐　慌
一　利潤率と利子率との衝突
A　資本の蓄積の増進に伴う利潤率の低下
B　最好況期における利子率の昂騰
C　いわゆる資本の欠乏

A　図

第四章　西欧国際体系の形成

一　西欧国際体系の問題性

「戦争の方法における変化に比べれば、交渉の方法は、大抵、同様であり続けた」(1)といわれる。戦争技術においては、古い時代と今日とでは著しい変化があるが、対外交渉の方法においては、コミュニケーションの技術的発達を除けばあまり変化がなく、結局は政策の決定者ないしその代理者どうしが会って話をつける、ということに帰着する。

人間の一社会あるいは一集団の、他の社会あるいは集団との交渉関係としての外交は、おそらく、書かれた歴史よりも古いものであろう。外交を公的機関を通ずる活動とするならば、当然、複数の国家の成立とともに外交関係も生まれるのである。この場合、一国家の交渉相手は必ずしも同格の国家である必要はない。部族であったり、都市であったりする

B　図

などの方法によって、見やすくすること、見出しの言葉と本文とが混同されないように書くことが大切です。

(7) 注　注をどのように付けるかについては第五章で説明します。注の中で「後注」と呼ばれるものは、各章や各節の後、あるいは本文全体の後に一括して並べてあるものです。これを各章節の後に持ってくるか、全体の最後に持ってくるかは決まってはいませんが、読者の便宜を考えるならば、注の部分だけ別冊として綴じるとよいでしょう。しかし、一冊に綴じることを求められる場合もあり、この場合は本文の後にまとめて置くことになります。

(8) 附録　数値による論証を必要としたり、本文の説明を補ったりするために数表・図表・地図・写真などが必要になることがあります。しかし、それが一頁におさまりきらないような場合、附録とし

て本文とは別に掲げた方がよいでしょう。あるいは説明のための注であるべきものがスペースをとり過ぎるので、本文や注とは別個に文章なり表なりとして独立させた方がよい場合もあります。たとえば一九△△年のある国の総選挙を扱った論文で、当選した代議士一覧があった方が論文の理解を助けるならば、代議士名や所属政党、選挙区、得票数などを附録とするとよいでしょう。また、ある戦争の研究の場合、交戦国双方の軍隊の戦時編成などを図示しておけば読者にとって便利であるとすれば、軍隊の編成図を附録に掲げるとよいでしょう。附録にも簡潔な題を付けること、附録が二つ以上ある場合には附録Ⅰ・附録Ⅱのように番号を付けることを忘れてはいけません。

なお、数表・図表は、本文中に掲げる場合は、なるべく一頁の中におさまるように置くとよいでしょう。この場合、第1図とか第1表などの指示を落さないことが必要です。あるいは、図表の表題も落さないことが必要です。

(9) 文献目録

文献目録は、普通、論文の最後に置きます。文献名の記載の仕方は第二章で説明しました。その論文を作成するために参考とした文献名を列挙するのですが、参照したが本文中で直接引用しなかった文献も含めて掲げます。この文献目録によって読者は、そのテーマあるいは関連テーマについて今後研究を進めることができます。文献をどのように配列するかは、テーマの性質や論文の内容によって一様ではありません。著者名の五十音順・アルファベット順で配列するだけで十分な場合もありますし、文献の刊行年の順で配列する場合、第一次資料と第二次資料の順で配列する場合もあり、さらに論文の各章ごとについて、文献が使われた順に配列するなどさまざまな場合があります。ここでは一例として、未公刊文書(さらに公的文書と書翰・日記などの私的文書)・公刊文書(さらに公的文書と私的文書)・回想録・インタヴュー・研究書・雑誌論文という区分と順序を挙げておきましょう。この区分の中をそれぞれ著者名あるいは書名の五十音順(外国書ならばアルファベット順)で配列するのです。

単なる書名一覧である文献目録(bibliography)から一歩進んで、論文の執筆者が列挙した諸文献に簡単な解説ないし批評を付けた文献解題(bibliographical note)をつけることができるならば、その論文は研究としての水準がより高くなるということができます。たとえば、著者の政治的傾向がどうであるか、実証的に信頼できる書物かどうか、あるテーマについてもっとも詳細な記録であるとか、同じ書物の初版と再版とでは重大な改変がある、などの短い文章を書名の次に記載するのです。このような文献解題によって、その論文の執筆者が参考文献を自家薬籠中の物にしているかどうかがうかがわれるのです。とくに未公刊文書を挙げる場合は、その所在なども明記しておく必要があるでしょう。

このほかに「あとがき」というものがあります。これは主に著書につけられるもので、論文には必要ありません。著書の場合、「まえがき」があれば「あとがき」を書く必要はありません。

あるいは、「あとがき」があれば「まえがき」は要らないという関係にあります。「あとがき」も「まえがき」と同様に、その著書を書いた趣旨、完成した感想、著書にまつわる思い出、指導してくれた人に対する謝辞などが主な内容になります。しかし、「あとがき」で何を書かなければならないというきまりはありません。この本の主な対象である学生の論文の場合、「あとがき」は省略してよいでしょう。

以上に述べたのは論文の表情といいましょうか、外貌といいましょうか、人形細工にたとえるならば骨格を蔽う肉付きであり、目鼻立を整えることです。これで人体としての一通りのきまりがついたわけです。

4　論述の学術性

論文の構成や文章のスタイルには各人それぞれの創意工夫が試みられてよいでしょう。しかし、小説や随筆ではなく学術論文を執筆する場合には、どうしても守られなければならない約束があります。それは学術論文が当然持たなければならない学術性であります。研究とは、問題に対して研究材料を処理して解答を出すことです。その解答が果して真理であるかどうかを証明しなければなりません。このような証明の仕方、すなわち論証が学術性を持っているかどうかを、論文の執筆者は自分で吟味しなければなりません。読者に批評される前に、自分で自分の研究を批評し、自己吟味を経たものであればこそ自信をもって学術論文として提出できるのです。

歴史学者の太田秀通氏は、論証の学術性について実証性と合理性という概念に分け、そのそれぞれを吟味する必要を説いています(1)。これは歴史学だけでなく、ひろく人文・社会科学全般について適用できる原則であるということができます。すなわち、実証性の吟味とは研究材料の使い方を検討することであり、合理性の吟味とは、研究における認識の深化の過程を検討することです。太田氏は、実証性の吟味の基準として、

①研究材料の理解が正しいか。
②研究材料の解釈に無理はないか。
③研究材料の証明力の判定に誤りはないか。
④事実認定に実情を無視した点はないか。
⑤状況証拠からの想定に誤りはないか。

という五点を挙げ、合理性の吟味の基準としては次の五点を挙げています。

①概念の使用が一貫しているか。
②原因の推理に不合理な点はないか。
③推定に推定を重ねた形跡はないか。
④論理の進め方に無理はないか。

⑤結論は既知の関連事象と適合的か。

このような実証性と合理性とを備えてこそ、初めて学術の名に値する論文といえるのです。しかし、いきなりこのような厳格な基準を挙げられても、実際に自分の研究にどのように適用すればよいか戸惑う人も多いでしょう。以上に指摘された十点とは、大体次のように理解すればよいのです。

まず研究者は当然のことながら資料を読みこなさなければなりません。古文にせよ外国語にせよ、それを正しく読まなければなりません。しかも単に言葉を読んだというだけでなく、さらに資料が伝えようとするものがわかったという正しい解釈に達しなければなりません。また、偽作の資料に拠ってならないことはいうまでもありませんが、本物の資料であってもそこに述べられていることが真実とは限りません。意識的に虚偽を語る場合もあり、記憶の錯誤や事実の誤認ということもあります。自分の使っている資料がどの程度に信用の置けるものかを測定しなければ正しい論証にはならないのです。さらに自説に都合のよいように事実を歪めたり、十分な証拠もないのに一方的な断定を下してはなりません。

また、自分の用いる概念は首尾一貫していなければなりません。とくに社会科学の分野では学派によって概念規定が多様に分かれています。たとえば「帝国主義」という言葉にしても、レーニンの用語法とJ・シュムペーターのそれとでは明白な相違があります。したがって、自分が

「帝国主義」という言葉を使うとすれば、それはレーニンによる資本主義社会の一つの範疇としてであるか、シュムペーターのようにレーニンとは全く異なった意味で使うのか、あるいは単なる比喩であるのか、このような点を十分に自覚した上で議論を進めなければなりません。ある箇所ではレーニンのような用語法で、他の箇所ではシュムペーターのような用語法で論述するのでは、論旨に混乱を招くだけです。

「国家」「階級」「身分」「革命」「独裁」「ファシズム」「資本主義」等々の言葉は社会科学上の概念であります。あるいは学派によってその意味内容を異にし、あるいは学派を問わず共通の諒解が成り立っているものもあります。自分はどのような意味でこの言葉を使うのかを明確に自覚することが、論文を書く基礎的な心構えです。また、このように一語一語書き進むたびに自分の立場についての絶えざる反省と自覚とを迫られるところに、論文執筆が学問を体得するための有力な方法となる所以があるのです。

このようにして書き上げた論文は全体としてまとまりのあるものとなり、論述の始めと終りで矛盾したりすることのない作品となるのです。しかし、どのように優れた作品でも欠陥が無いとはいえません。まして、初めて論文を書く場合、その取り組むテーマが学問的に重要であればあるほど、一度書いてみた論文は随所に欠陥があるのが当然です。自分で読み直してみて、欠陥のあることを発見したならば直ちに訂正しなければなりません。自分で欠陥に気付きながら、しかもそれをどうしても克服できないならば、そのことを公明正大に自認して、その点を論述の中なり注なりで断るべきであります。たとえば、少なくとも本年中にはあれこれの資料は入手できないとか、ある材料のこれこれの箇所は自分には読解できないとか、この問題については今は理解できないから別の機会に検討することを約束するとか、要するにわからないことをわからないと率直に書くべきです。わからない箇所を妙にとりつくろってわかったように書くのは、論文の学問的信頼性を失わせることになります。現在わからない点はわからないとして残しておくことが、将来の研究の発展の基礎となるのです。

（1）太田秀通『史学概論』（学生社、一九六五年）一六七頁。

第四章　論文の文章

1　文体と表記

学術論文の執筆に際して普通用いられる文章のスタイルは、「甲は乙である」という式の「である調」による口語文であります。口語文には「であります」「ではありません」という式の「であります調」と、「である」「ではない」という式の「である調」とがあります(この書物は「であります調」をとっております)。文芸評論家などには「であります調」を意識的に採用している人もいますし、新聞にも「であります調」で書かれているものがあります。しかし学術論文では「である調」が標準的となっております。

日本では、太平洋戦争の敗北に至るまで、法律や官公庁の文書とくに軍隊では文語文が多く用いられていました。学術論文の場合には明治期には文語文が用いられていました。たとえば、一八九七(明治三十)年のある書物の次のような書き出しは文語体の美文の一典型といってよいでしょう。

夫れ文物なる者は、民種の英華なり、方土の果實なり、或は其の時に應じて而して榮ふ、譬へば猶ほ櫻桃杏李の盛春に於ける、桔梗、敗醬《をみなへし》、胡枝《はぎ》、紫菀《しをん》の初秋に於けるがごとし、或は其の壤に因て而して宜しうす、譬へば猶ほ椰子榕樹の蔭を炎日の下に交へ、松杉檜柏の翠を堆雪の中に見はすがごとし。(1)

このような文語体は文章に勢いと気品があり、引き締った感があります。しかし、この種の文章は大正期には姿を消してしまいます。今日では文語文は、書く必要もありませんし、書ける人もほとんどいないのではないかと思われます。しかし、文語文の癖ともいうべきものはなかなか改まるものではありません。「このような」を「かかる」、「させる」を「せしむ」、あるいは「しようとする」を「せんとする」などという具合に、文語文の言葉を口語文の中に織り込む文章は今でも珍しくありません。

昭和初期の「講座派」と呼ばれた経済学者・歴史学者は、文語体の言葉を織り混ぜ、名詞止めや符号を多く用い、難解さで知られた独特の文体を生み出しました。たとえば、

第一の型、即ち、製絲業及び織物業の場合の生産旋回の形態、その意義について。維新變革の際における、軍事機構＝鍵鑰《キイ》産業の强靭な統一性を旋回軸とする所の、生産旋回の基調が畢竟は衣料生産に、即ち、㈠半隷農的零細耕作農民の土壤に輸出產業として生育した製絲業、㈡半隷農的零細耕作農民に問屋制度的家內工業として寄生した所の、傳統の絹織業と新興の

綿織業とを包含する織物業、及び㈢掲出外たる、半隷農的零細耕作農民から流出する半隷奴的賃銀労働者に依據する紡績業。以上の三者を基準とする所の、衣料生産に、それがおかれたこと明瞭であり、茲に、日本資本主義が半隷農的零細耕作農民及び半隷奴的賃銀労働者に立脚する型相を看取す可きである。(2)

このような文体が意識的に採用されたのは、論理的に厳密を期するという意図もあり、また当時の厳重な思想統制の下で、官憲の検閲の眼をのがれるためという配慮がありました。この学派の追随者の中にはわざわざこの種の文体を真似る者も現われました。

あるいは「西田哲学」とか「京都学派」と呼ばれた西田幾多郎や田辺元の文章も「……でなければならない」とか「一即多」「有即無」といった、形式論理学を無視したような独特のスタイルで書かれていました。

我々の知覚の世界と考へられるものは内部知覚的たると共に外部知覚的でなければならない、個物的に自己自身を限定すると共に一般的に自己自身を限定するものでなければならない。而してそれは個物的限定即一般的限定、一般的限定即個物的限定として衝動的に自己自身を限定する(3)

講座派の文体も西田哲学の文体も荘重で難解であることが当時の学生には魅力的と思われていたのです。

今日では学術論文は、漢字仮名交じりの口語文で、平仮名を用いた文章で書かれるのが普通です。第二次世界大戦後の一九四六年、日本政府は当用漢字一八五〇字を発表し、法令・公文書・新聞雑誌及び一般に使用される漢字の範囲を告示しました。次いで、翌々年当用漢字音訓表と義務教育用漢字を発表しました。また仮名遣についても現代仮名遣が発表されました。また、「教」を「敎」というように漢字の字体も新字体が採用されました。当用漢字にない字は、たとえば「颱風」を「台風」と、「輿論」を「世論」というように書き替えることが指示されました。以後、この当用漢字の範囲、漢字の字体、音訓、送り仮名について多少の変更が加えられてきましたが、一九七三年に政府は、「当用漢字(改定)音訓表」と「送り仮名の付け方」を内閣告示しました。

さらに一九八一年、当用漢字に変わるものとして「常用漢字表」が内閣告示されました。これは当用漢字が漢字表・音訓表・字体表が別々であるのに対して、字種・字体・音訓・語例等を総合的に示したもので、当用漢字より九十五字多い一九四五字で構成されていました。

この「常用漢字表」は二〇一〇年十一月、さらに改定されて二一三六字になりました。旧「常用漢字表」からは五字が削除され、新たに一九六字が加わりました。また、音訓の追加や削除・変更も行われました。

この改定では、漢字の字体についても新しい考え方が示されました。追加された一九五字の漢字の字体を、たとえば「眞」「愼」を「真」「慎」とするような、今まで行ってきた新字体採用と字体の整理を行わず、「塡」を「填」にしないで「塡」のまま、常用漢字に加えました。この例のように、多くの字は今回の改訂では従来の字体のまま常用漢字になったのです。

常用漢字は国の国語政策の産物でありますが、プラス面とマイナス面とがあり、学術論文の場合にこの範囲を絶対に遵守しなければならないものとは思われません。たとえば、常用漢字は「芸」を「藝」の代りに用いていますが、もともと芸(ウン)と藝(ゲイ)とは別の字であって、意味も違います。あるいは、常用漢字には「頁」という字がありません。これを一々、ページと書かなければならない理由がよくわかりません。もともと頁(ケツ)という漢字は頭の意味ですが、あまり使われません。地質学上で頁岩(ケツガン)という語が用いられる程度でしょう。しかし、いつの間にかこれが英語のページの当て字として用いられ、もとの意味を失って専らページとなってしまったようです。したがって、常用漢字を制定した側からすればこのような借用は認められないというのでしょう。しかし、本来、日本語における漢字とは当て字が多いのですから、そのように歴史的に検討してみれば、今日、使ってならないはずの漢字は実に多いのです。頁のように使用頻度の多い字はそれなりに生かしてよいと思っています。

「周章《あわ》てる」とか「芽出度《めでた》い」などの類の当て字を無制限に使うことはなるべく避けた方がよいでしょう。また、漢字の濫用を避ける意味から文科省が一定の漢字の範囲を規定することはわかりますが、公文書は常用漢字表に束縛されるために、官公庁の「編纂所」を「編さん所」という具合に漢字と仮名の交ぜ書が行われております。このような名詞の交ぜ書はなるべく避けた方がよいでしょう。学術論文の場合、常用漢字だけでは間に合いません。今日、新聞や普通の出版物に使われている漢字は約四千といわれますから、私たちは常用漢字の枠内では生活していないのです。

「常用漢字表」は、「法令・公用文書・新聞・雑誌・放送等、一般の社会生活で用いる場合の、効率的で共通性の高い漢字」を掲げたもので、「漢字使用の目安」として選定したとしています。しかし、「目安」とは何かという点ではなはだあいまいです。すなわち、漢字使用を制限する方向にも、拡大する方向にも、どちらにも解釈できるあいまいさがつきまとっているのです。ただし、学術論文については、「常用漢字表は……科学・技術・芸術その他の各種専門分野」「過去の著作や文書などに用いられている漢字」には立ち入らないとしています。また、「都道府県名に用いる漢字及びそれに準じる漢字を除き、固有名詞を対象とするものではない」ともいっており、漢字使用の許容度が緩やかに増大したと見てよいでしょう。(4)

常用漢字・現代仮名遣はこのようにいろいろな問題点がありますが、ともかく現在一応のルールとしてこのように用いられているということを知っておく必要があります。常用漢字にある漢字だから必ず漢字で書かなければいけないということもありませんし、常用漢字にないから絶対に使ってはならないということもありません。学術論文を書くためには常用漢字等は制約と感じられるものですし、それぞれの言語美学に従って自分なりの文体を持つように努力すべきでしょう。しかし、たとえば、自分の論文を印刷に附する場合など、常用漢字の字体と異なる字体を用いる必要がある場合は、その旨を欄外に指示しておくと誤解を招かずに済むでしょう。常用漢字等の功罪論はともかくとして、公文書や新聞雑誌などで慣用化しているものについては習熟する必要があります。

漢字仮名交じりの口語文は、視覚に訴える効果を持っています。戦前のいかめしい漢字過多の文章に反撥して、戦後の一時期ほとんど仮名ばかりの文章が試みられましたが、これはちょうど電報を読むような感じで、読みにくいものです。漢字はちょっと見ただけでその意味をわからせる効果がありますので、ある程度は漢字が多い方が読みやすいと思われます。しかし、文章も文字もあくまでも相手に読ませるものですから、ひとりよがりの字体を使ったり、勝手に新しい字を発明してはいけません。たとえば、よく見られる「斗争」という字は「闘争」とは関係のない意味のない当て字ですし、「職」をもともと存在しない字である「耺」と書いたりしてはなりません。あるいは「义」などの現代中国語の簡体字を使うことも避けなければなりません。日本語と中国語とは別の言葉ですから、日本人に読ませる日本語に中国語を挿入するようなもので、相手は読めません。これではコミュニケーションの効果がないことになります。

パソコンで漢字を入力する際に注意を要するのは、ＪＩＳ（日本工業規格）漢字コードに含まれていない「外字」の処理です。論文を作成するうえでは、とくに地名・人名などの中に外字が含まれることがあります。そのような場合には、ワープロソフトの外字作成機能を用いたり、あるいはその部分を空白として印刷した後に手書きで書き足したりします。ただ、自分のパソコンとプリンタを使って論文を印刷する場合には前者のやり方でよいとして、問題は、編集者や印刷所とデジタル原稿をやりとりする必要があるときです。JIS漢字コードは、正式には「情報交換用漢字符号系」と言い、その中に含まれている漢字であれば、(文字化けしたりせずに)他のパソコンとの情報交換が円滑に行われることが期待できます。しかし、JIS漢字コードに含まれていない外字は、自分のパソコンでは上手に作成・表示できたとしても、デジタル原稿を受け取った側のパソコンでは正しく表示されるという保証がありません。そこで、学生が卒業論文などを自分のプリンタで印刷する場合はよいとして、出版用の原稿を編集者などに提出する場合には、外字が目立つようにハードコピーに赤字で手書きするのがもっとも間違いのない方法であるといえるのです。

学術論文には正確さがもっとも重要です。その意味で同じ論文の中で、同じ人物の名を前と後とで違えて書くようなことがあると、二人の異なった人物がいるかのように誤解されます。そこで次に学術論文を書く際に守るべき幾つかの約束を挙げましょう。

(1) 内藤虎次郎「近世文学史論」『内藤湖南全集』第一巻(筑摩書房、一九七〇年)所収、一九頁。

（2）山田盛太郎『日本資本主義分析』（岩波書店、一九三四年）一〇頁。
（3）西田幾多郎「哲学の根本問題続編」『西田幾多郎全集』第七巻（岩波書店、一九六五年）所収、三五六―三五七頁。
（4）常用漢字表に基づく現代表記については、各種の最新の国語辞典が附録としていますが、『標準校正必携』第八版（日本エディタースクール出版部、二〇一一年）が要を得ています。

2　表記・用語についての注意

外国語の表記

文中の外国語、外国の地名・人名は原則として片仮名で書きます。たとえば、「ドイツの哲学者ヘーゲルは」、あるいは「ロッキード事件についての大学生に対するアンケートによれば」という具合です。しかし、学術論文の場合、外国語をあまり濫用することは文章の印象を軽薄にします。たとえば「チェッカーくずれ」や「イソ・モーフィック・モデルと異なるメタ・モデル」などといった言葉はいかにも新奇をてらう商業広告じみた感じを与えます。しかし、科学・技術上の専門用語で日本語として定着しているもの（たとえば、クレオソート、ラジウム、レンズ、カセットテープなど）や、日本語に移しにくいものや邦訳することでかえって難しくなるもの（たとえば、プロレタリアート、パラダイム、マッチ、アイス・スケート、クラブ、ビール、ポケットなど）はそのまま片仮名で書くよりほかありませんが、日本語で表現できるものをわざわざ外国語で書くのは気障な印象を与えます。それでも、やむを得ず外国語を用いる場合には、プライオリティ（優先権）のように、外国語の仮名書きの次に括弧の中に訳語を入れて意味がわかるようにした方がよいでしょう。

外国語の固有名詞の表記

外国の地名・人名などを仮名で表記する場合、どうしても外国語の原音と仮名の音との違いによって無理が生じます。「ギョエテとは俺のことかとゲーテ言い」という川柳がありますが、Goethe の音を日本語で現わそうとする場合、ゴエテとも書けますし、ギョエテとも書けます（最近ではゲーテに落ち着いているようです）。このように外国の地名・人名を表記することにはかなりの困難があります。これについては、差し当り外国の人名や地名についての事典類に当って確かめることから始めるほかないでしょう。ドイツ人の名前（たとえばフリートリヒ）を英語流（フレデリック）に書くのは奇妙なものですが、しかし、これも原音主義に忠実を期することによって、かえって読者に混乱を招くことがあります。「イギリス」などという発音の国名は実際には存在しない（イギリスにもっとも近い音はポルトガル語のイングレスか英語のイングリッシュでしょう）のですが、しかしこれは日本語の中に慣用として定着してしまっており、イギリスという表記を直ちに廃止する理由はありません。A. Hitler についてはヒトラーと書いてもヒットラーと書いてもどちらでもよいのですが、Rooseveltについてはアメリカ史家の間ではローズヴェルトという表記が一般的です。ともかく外国に関係する専門分野では、その専門分野の慣用を基準として一貫した表記法を準備する必要があるでしょう。

なお、中国・朝鮮の人名、地名については、最近では原音主義が多く用いられております。たとえばキム・イルソン(金日成)やクムガン山(金剛山)のように。しかし、中国の人名については新聞・テレビの用法では多くの場合漢字の日本語読みであり、××山・××省などの接尾語については日本語で書き、読むといった矛盾がありますが、さしあたりは従来の慣行と現在の原音主義との折衷で書くという態度で臨むほかないでしょう。

アメリカ合衆国を米国、イギリスを英国と書く類の慣用もしばしば行われます。これは亜米利加・英吉利という当て字の略語で、今日でも仏蘭西(フランス)・独逸(ドイツ)・西班牙(スペイン)という書き方をする人があります。これも人の好みによる所があり、一概に排斥すべきものではありませんが、今日の学術論文ではアメリカ・イギリス・フランス・ドイツ・スペインというように仮名で書くのが無難です。しかし、アメリカ・イギリスのある条約について米英経済条約という略し方が用いられ、日本とアメリカ合衆国との安全保障条約は日米安全保障条約と呼ばれておりますす。これは一般の慣行となっておりますし、実際に便利なので、あえて使用を避ける必要はないと思います。

歴史的固有名詞の表記

歴史上の固有名詞は当時あったままに書くことが原則です。たとえば地名には歴史的な変遷がありますが、ある時代について論ずる場合、その時代の地名を記すべきであります。必要があれば今日の名称を併記しておくとよいでしょう。第二次世界大戦中の有名な激戦地スターリングラードは今日ではヴォルゴグラードと呼ばれていますが、第二次世界大戦中の「スターリングラードの戦闘」を「ヴォルゴグラードの戦闘」と書き替える必要はありません。漢字の人名・地名については常用漢字による書き替えが一般化して、耶馬臺国を耶馬台国と書くことが普通になりましたが、本来、これは望ましいことではありません。耶馬臺国は耶馬壹国であるという説もあるほどで、この「台」の字は原典から遠ざかることになります。最近では印刷所の都合で、人名・地名を常用漢字・人名用漢字などの制限の枠内に書き替える傾向があります。たとえば「朝鮮総督齋藤實」を「朝鮮総督斎藤実」と書き直すことが一般化してきました。これもやむを得ない大勢というべきでしょうが、しかし、引用文の場合にはあくまでも原文通りという原則を守るべきです。引用そのものを勝手に現代表記に改めることは、解釈の不当な現代化となって、学問内容そのものの微妙な歪曲に連なることが多いからです。

表現上の注意

民族的蔑視の意味のある語を用いてはなりません。たとえば、朝鮮民族について朝鮮人という言葉を用いることは当然ですが、鮮人とか半島人とかいう言葉は使ってはなりません。南朝鮮・北朝鮮という言葉は地理的表現として不思議ではありませんが、南鮮・北鮮という言葉は避けるべきです。朝鮮の略語ならば「朝」でよいわけですが、明治政府は、朝は朝廷の意味だから畏多いなどという勝手な理屈をつけて朝鮮を「鮮」と略し、朝鮮人を「鮮人」などと軽蔑的に呼んで来たのです。中国については、以前の「シナ」あるいは「支那」という呼び方には侮蔑的な響きがあるので、今日では中国と呼んでいます。中華人民共和国を「中共」と呼ぶ人がありますが、これは誤りで、中国と呼ぶべきです。「中共」は中国共産党の略です。しかし、歴史的固有名詞と同様に、たとえば津田左右吉著『支那思想と日本』という戦前の書物をことさら『中国思想と日本』と変えてはなりません。また歴史上の事件についても、誤った価値判断を含む呼び方を用いるべきではありません。たとえば豊臣秀吉の朝鮮出兵については「朝鮮征伐」と呼ばれることがありますが、「征伐」とは悪い者を退治するという意味ですから、秀吉の朝鮮侵略について「征伐」と呼ぶのは誤りです。また「支那事変」のように、国際法上明らかに日本の中国に対する侵略戦争であったものを、当時の日本政府は事態の本質を隠蔽するために宣戦布告をしないで「事変」と呼んだ場合もあります。このような言葉を使うことは事件の歴史的性格について無定見であることを示します。この種の言葉を使わなければならない場合には「　」をつけるとか、「いわゆる」を附して記す必要があります。

引用文中の省略について

ある文章を引用する場合に自分の論旨に必要な箇所以外の部分を省略した方がよいことがしばしばあります。そのような場合に幾つかの表記の仕方が可能です。たとえば、

現在、Dと関係あるAとCとの関係も再考する必要が生じている。

「〔前略〕AはBであってCではないと思われてきた。〔中略〕CがDであることが証明された現在、DとCとの関係も再考する必要が生じている。〔後略〕」

このように引用したい場合、この〔前略〕と〔後略〕は不必要です。〔中略〕だけを指示すればよく、あるいは〔……〕によってその部分が省略されていることを指示してもよいのです。しかし、いずれにしても、それが自分が省略したのであって、もともと省略されていたのではないことを明示するために〔　〕を付けておく必要があります。しかし〔……〕という符号は一般に慣用とはされていないようですから……だけで十分ですが、その場合も、……が筆者による省略の記号であることをどこかで断っておくことがよいでしょう。または、〔中略〕も取ってしまい、

「AはBであってCではないと思われてきた」が、「CがDであることが証明された現在、DとCとの関係も再考する必要が生じている」といわれる。

という具合に地の文に織り込んで書く方が文章の流れがよくなるように思います。ともかく、原文を正しく理解して、省略すべきでない部分を省略して、原文を歪めるようなことがあってはなりません。原文が、「悪い所があるが、良い所もある」として後半で肯定の意味を表わしている

のに、「悪い所がある」という前半しか引用しないとすれば、いうまでもなく、原文の意味を歪めることになります。

法令用語・技術用語について

法律・条例などに用いられる用語は専門用語として厳格な約束がきめられております。しかも、日本の法律の沿革は、明治期に文語体の文章として作られたものが多いために、国民にとってなじみにくいものです。しかし、そのような点はここでは触れませんが、法令用語には、たとえば「勾留」「拘留」「拘置」のように、その差異を知るために刑事法を学ばなければならない用語もありますが、「または」と「もしくは」とのように法律一般に用いられ、しかもその区別が重要な意味を持つ言葉については、常識として知っておく必要があります。その二、三の例を挙げます。

（１）「または」「もしくは」　この二つの言葉は共に事柄を選択的に並列する場合に用いますが、「または」は「ＡまたはＢ」というように、ＡかＢかを単に並べる場合に用います。ところがＡ・Ｂ群のほかにＣ・Ｄ群があって、このＡ・Ｂ群とＣ・Ｄ群とをつなぐ場合には両群の中には「もしくは」が用いられて「ＡもしくはＢ」と「ＣもしくはＤ」となり、両群の間に「または」が入ります。すなわち、「ＡもしくはＢまたはＣもしくはＤ」という具合に、小さい接続に「もしくは」が用いられるのです。

(2)「及び」「並びに」　この二つの言葉は共に事柄を接続させる場合に使われますが、「または」と「もしくは」の場合と同じように法令用語としては厳しく区別されています。単純な接続としては「A及びB」「A、B及びC」という具合に用いられますが、A・B群とC・D群とを結ぶといったより大きい接続には「並びに」が用いられます。たとえば「A及びB並びにC及びD」「A、B及びC並びにD、E及びF」という具合です。

(3)「以上」「以下」「を超える」「未満」　数量に関して用いられる言葉は、しばしば混乱を招きますが、「以上・以下」と「超える・未満」とには厳密な区別があります。「千円以上」には千円も入ります。「千円以下」にも千円が入ります。これに対して「千円を超える」には千円は入らず、千円より一円でも多い金額がすべて該当します。「千円未満」にも千円は入らず、一円でも千円に足りない金額を指します。同様に「以前」「以後」も、「四月一日以前」には四月一日が含まれ、「四月一日以後」といえば四月一日が含まれることになります。

このような用語は法令用語でもありますが、同時に技術用語でもあります。技術用語でも「または、もしくは」「及び、並びに」の用法、「以上・以下・を超える・未満」の用法は同じです。

このように用法の約束がきめられた言葉として重要なものに次のようなものがあります。

(4)「はじめ」「ほか」　「Aはじめ五十名」という場合はAを含んで合計五十名ですが、「Aほか五十名」という場合にはAはこの五十名には含まれませんから、合計五十一名になります。

（５）「から」「より」　日常的には「から」と「より」とは同じように用いられますが、技術用語としては時間や場所の起点を指示するためには「から」、物事を比較する場合には「より」を用いる方がよいとされています。「から」は「一月一日から十日まで」「東京から京都まで」「底辺からの高さ」という具合に用い、「一月一日より」を避ける方が誤解を招かずに済みます。「より」は「ＡよりＢの方が大きい」というように比較を現わす場合に用います。

（６）「ないし」「ただし」　技術用語としての「ないし」は「ＡからＢまで」という意味です。「十名ないし十五名」という場合には十名も含まれ、十五名も含まれます。「ただし」は例外を現わす言葉で、ある文章があってその次に「ただし」とつながるのが普通です。この場合には「ただし」以下の文章は「ただし書き」と呼ばれ、前の文章についての例外や限定条件を表わします。

その他の注意

引用文が本来改行されているのに、論文のスペースの都合などによって、改行できない場合には、改行の冒頭の部分に／を付けます。とくに詩歌の引用の場合にはこのような書き方が必要とされます。たとえば、

われらの大帝シャルル王は、／まる七年、スペインにありて、／高き土地を海まで征せり。／彼の前に支え得る城はなく、／城壁、城市、打ち毀《こぼ》つべきは残らず。（『ロランの歌』有永弘人訳）

アリラング峠は　金取り峠／金のない奴《やつ》ァ越されず、／アリラング　アリラング　アラリヨ／月が落ちるに　はよ越そよ。（『朝鮮民謡』金素雲訳）

学術論文中に出てくる人名については敬称は必要ありませんし、新聞などにあるように「敬称略」などと書く必要もありません。自分の先生であっても「○○先生」と書く必要はないのです。ただし論文の内容に直接の関係のない「あとがき」「謝辞」などの部分では、自分の判断で「先生」「教授」とか「氏」とかをつける方がよいでしょう。また、人名について職名を記すことは当然ですから、「小泉首相」とか「ブッシュ大統領」と書くのと同様に「○○教授」や「○○博士」と記すことは差し支えありません。また、人名のあとに「様」を付けたり、「何々していらした」などと敬語を使ったりすることは論文では避けなければなりません。

3　文章作成の練習

普通、「読み書き」能力などと一言でいいますが、しばしば指摘されるように、日本語の場合、読む能力と書く能力との間にはかなりの違いがあります。大変な読書家であっても、文章を書くとかなり誤りが多いという人はざらにいます。これは日本語というものの特質によるのかも知れません。「話すように書け」などといわれますが、日本語の会話表現は決してそのまま文章になるようなものではありません。社会学者の清水幾太郎氏は「日本語を外国語と思って扱え」(1)という提言をされていますが、これは適切な忠告です。私たちは文章を書く場合、日常会話とは違う言葉を書くのだということを頭に入れて、とりかからなければなりません。

日本語の文法体系はヨーロッパ系言語のそれとは甚だ違っていますし、一見、非論理的に感じられますが、日本語は決して非論理的なのではなく、論理を表現する仕方がヨーロッパ系の言語と著しく違っているのです。日本人相互の会話はそれで事足りているのですが、さて、それを文字に定着させようとする際に、会話の表現では舌足らずになるのです。というのは、日本語の会話は「室内語」(2)と呼ばれるように相互に一定の諒解の下に成り立っているのですが、それを文章に移す場合には、相手すなわち読者がどのように自分のいうことを理解してくれるかわからないので、つまり、相互諒解を前提としていないために、念を押す意味で、厳密な、あるいはくどい表現形式をとらなければならないのです。ヨーロッパ系の言語にはこの厳密さあるいはくどさがあり、それがそれらの言語を一見論理的にしているのです。ヨーロッパ系の言語では、必ず主語が入るか、あるいは人称と単数・複数による動詞の活用語尾をつけることによって、「何が」「誰が」ということをわかるようにするのです。それだけ表現が厳密になり、また、くどくなるのです。

このように考えるならば、文章を書く場合、「話すように書く」などということができないことが容易にわかるでしょう。そこで「書く」能力を養うことが必要となってくるのです。もちろんここで「書く」能力といっているのは、文章の上手・下手ということではありません。自分の意志を誤りなく伝えるための表現の正確さということです。良い論文を書くためにいわゆる名文家・美文家になる必要はありません。「うまく」ではなく、「正しく」書くことが大切なのです。

「は」と「が」の正しい使い方を知らないで意味の通じない文章を書いている著述家も少なからずいますし、「彼はそのために全力を投球した」などと平気で書いている人もいます。あるいはヨーロッパ系の言語を論理的と信じ込んで、「象は鼻が長い」という日本語の表現は非論理的だと思い、「象は長い鼻を持つ」と書く人もいます。しかし、「象は鼻が長い」式の表現は決して非論理的ではありません。これを「鼻は象が長い」と言い換えてみると、日本語の表現様式の特徴がわかると思います。つまり、動物にはいろいろな鼻があるが、長いのは象だという意味です。そこで「鼻は象が長い」は「鼻は長い象を持つ」とはならないのです。この辺りに日本語文法の根本問題があるのですが、ともかく、「は」と「が」は常に主格を指す助詞であるとは限らないのです。このような点に注意して言葉を正確に使うことに習熟することが、文章作成の訓練です。

文章作成の訓練としては、差し当り、次のような方法をとることが能率的だと思います。

（1）言葉の意味を正確に捉えること　「全力を投球」という表現が誤っているのは、「全力投球」と「全力投入」とを混同しているからです。前者の「全力」は「全力で」であり、後者の「全力」は「全力を」です。これを混同して、あたかも全力を投球できるものであるかのように思い込んでしまったのです。このような場合は珍しくありません。私たち日本人は、外国語についてては実に丹念に辞書を引くのですが、日本語については既にわかったと思っているのか、一向に国語辞典に当ろうとしません。ある高名な作家が「鶏口牛後」と書くべきところを「鶏頭牛後」と書いて、評論家にからかわれたことがありました。恐らく植物の鶏頭が念頭にあって無意識に書いてしまったのでしょうが、このような言葉は歴史的な典拠のある言葉だけに、漢和辞典を引く労を惜しんではならないのです。

(2) 主語と述語の関係を正確に書くこと

日本語は、一般に、主語を省いても意味が通じますし、また、すべてのセンテンスに同じ主語が繰り返される場合などは、読者に煩瑣な感じを与えます。しかし、日本語では主語と動詞の位置が離れていますから、あまり長く主語と動詞が離れたりすると、どの主語がどの動詞にかかるのかわからなくなります。そこで、まず一度は主語を必ず入れて書いてみるという練習をするのです。すなわち、「誰が」あるいは「何が」という問いに対する答えを必ず用意した文章を一度書いてみるのです。読んでみるとわずらわしい感じがするでしょう。どこでわずらわしい感じがするかを考えてみると、恐らく繰り返された主語ではないかと思います。主語が異なる場合は主語を省略しては読者を困惑させることになります。始めに、すべて主語付きのセンテンスを書き、後で煩瑣な感じのする部分を削って行く、という方法を採用してみるとよいでしょう。

（3）なるべく修飾語や比喩などを使わないで文章を書くこと　たとえば「千人が殺された血の海」という類の表現、「偉大なナポレオン」などのマンネリズムとなった形容は避けた方がよいのです。学術論文として重要なことは、ある虐殺事件について言及する場合に果して「千人」が殺されたのかどうか、その数字に信頼性があれば十分であり、「血の海」はせいぜい「流血」程度の表現にとどめるべきでしょう。一般に、名文とか美文とか呼ばれる文章は、形容や比喩に巧みなものも多いのですが、学術論文の場合には、それらはいわばお化粧であります。どうしても修飾が必要だと考えるならば、まず論文としての骨格を作り上げてから後に付け加えるという順序を踏むとよいと思います。論文の標題も、週刊誌などによく見られるような刺激的な表現を避けることが必要です。

（4）自分で勝手に新しい言葉を発明してはいけない　文章は相手に読んでもらうものですから、相手にわかるはずのない新造語を使っては困ります。出版社の編集者は、いきなり自分の知らない新造語に出くわすと、誤記ではないか、と思うそうです。どうしても新しい言葉を作るほかない場合には、その旨を説明した上で使うべきです。

（5）短い文章を書くこと　一つのセンテンスを長く書くか、短く書くかは、人の性格や趣味も作用していますし、長い間文章を書き続けている人には自ずから独自の文体が出来上ります。しかし、文章の明晰さという点では、短い文章の方がよいと思います。「……が」「……ので」とダラダラ続けた文章はわかりにくいし、また、訴える力も弱くなります。どの語がどの語を修飾するのかという関係をはっきりさせた短い文章に慣れることをおすすめします。

(6) 重複を避けること　同じ単語や同じ言い廻しの重複を避けたり類似の音が続くことを避けることが必要です。同じ言葉が重なることは、煩瑣な印象を与えるとともに、執筆者の語彙の貧弱さを感じさせ、文章の説得力を弱めます。「問題」「展開」などは学術論文にしばしば用いられる言葉ですし、「……的」という言葉も頻りに現われます。また、「……した。……した。……した」とか「……のである。……のである。……のである」といった同じ言い廻しが重なることは、文章を単調にしてしまいます。このような場合、その附近の文章を全体として通読して、多少の工夫を試みる必要があります。さらに、同じ音や類似の音が続く場合もあります。たとえば、「韓国に援助を与えることを勧告する」とか「孝行な高校生が航行中」などの表現は視覚的には判別できますが、耳で聞いただけでは誤解を生じます。漢字には同音が多いために、このような場合が起こりやすいので、同義で他の音の語を選ぶなり、修飾詞を補うなりした方がよいでしょう。

(7) 隠語・俗語・流行語などは避けること　自分が作った造語ではないにしても、最近学生のあいだに流行している新造語は感心できません。もっとも学生のあいだの隠語であっても、いつの間にか大衆のあいだに流行して、もはやその語源がわからなくなっている言葉も珍しくありません。たとえば、「アルバイト」などのたぐいです。本来、ドイツ語で労働を意味する言葉ですが、旧制高等学校生・旧制大学生が内職・副業のことを、お互いにドイツ語の単語を用いていったものでした。しかし、この言葉は、国民の中にすっかり定着したといってよいでしょう。それに、テレビの普及によって、業界内部の隠語や株屋や放送局の内部用語なども、業種によってはかなり広まっています。したがって、こういう言葉を用いる場合、念のために辞書を引いてみる必要がありますし、使った方がわかりやすいと思った場合には、「いわゆる」という言葉を冠して使うことが大事です。

ふだんの言葉遣いが、論文にも表われますので注意しなければなりません。「やばい」などの品位に欠ける言葉が文章に散見すると、教師は顔をしかめます。特定の仲間にしか通用せず、他の人には意味のわからない隠語や品位のない俗語、それに、今ははやっていてもすぐ廃れてしまう流行語などは、文章を書くものの品性を疑わせるものです。文は人なり、という言葉は今でも価値を失ってはいないのです。

このようにして、文章を書く習慣を身につけること、文章の無駄を削り、正確さを大切にすること、このような練習を重ねることによって論文を執筆する基礎的な文章力が養われるのです。(3)

(1) 清水幾太郎『論文の書き方』(岩波新書)、(岩波書店、一九五九年)七七頁以下。
(2) 外山滋比古『日本語の論理』(中央公論社、一九七三年)二五頁。

（3）この文章作成の練習についての節を書くに当っては前記のほか次の書物が参考になりました。日本語の特質についてはそれらの書物を手引きとして考察してください。
本多勝一『日本語の作文技術』（朝日新聞社、一九七六年）。

三上章『象は鼻が長い』（くろしお出版、一九六〇年）。

大野晋編『対談・日本語を考える』（中央公論社、一九七五年）。

外山滋比古『日本語の感覚』（中央公論社、一九七五年）。

大野晋・柴田武編『岩波講座　日本語』全十二巻、別巻一（岩波書店、一九七六―七七年）。

林大・林四郎・森岡健二編『現代作文講座』全八巻、別巻一（明治書院、一九七六―七七年）。

第五章　論文の注

1　注記の原則

学術論文とは注のついた文章だと考えている人が意外に多いようです。しかし、論文の価値を決める大事な点はその論文に盛られた研究手続と結論であることはいうまでもありません。注というものはその研究手続を表現するための便利な形式に過ぎません。注があるから学術論文になるわけではなく、また、注がないから学術論文でないというわけではありません。

注をどこにどのようにして記すのかという問題は、卒業論文などに初めてとりかかる学生にとっては悩みの種となっているように見受けられます。しかし、注の数の多少とか、注記の仕方に悩む前に、注の存在理由について考えなければなりません。つまり、注の意義が呑み込めれば、仰々しく注で飾り立てる必要はなくなるのです。あとは学問の性質や学派の相違によって、あるいは学術雑誌の編集部や出版社がそれぞれに定めている約束に従ってもよく、あるいは自分なりの創意工夫による新しい型を考えてもよいのです。ここではごく一般的に注記の原則について説明します。

大きくいって、学術論文の注には二つのタイプがあります。一つは本文のある箇所について説明を補足しようとする場合（説明のための注）であり、もう一つは本文中の引用や材料の出所を明らかにする場合（出所ないし出典の注）であります。

（一）説明のための注

本文の展開を一つの幹に喩えるならば、枝葉になるような副次的な論点が生まれることがあります。すなわち、Aという論述の本流の中にBやCなどの支流や傍流が生じ、BやCもそれぞれに重要ではあるが、あまりBやCの記述にこだわっていると、読者にはいつしかAという本流の流れ方がわからなくなってしまいます。このような場合、BやCの部分を本文では簡略に触れることにして、注の符号を付け、別に注としてBやCについて最小限の説明を与えておけばよいのです。

たとえば、人口問題を論じている論文の中で、ある国の家族制度に触れた箇所があって、その家族制度自体も重要な研究課題となると考えられることがあるでしょう。この家族制度はこれこれの特質を持っており、それ自体大きい問題点ではあるが、あまりそのことに拘泥していると人口問題という話の本筋が進まなくなると考えた場合は、その家族制度についての説明は本文から外して注へ廻す方がよいでしょう。あるいは、何年何月の総選挙である党派が第一位となったことを記述する箇所で、その当時の選挙制度の特色を簡潔に説明しておいた方が読者にわかりやすいという場合もあるでしょう。そのような場合にも注を付けることになります。

要するに、あれもこれもゴタゴタと本文に盛り込んでは本筋の話の流れが悪くなると思った時には、注という形を活用して、本筋の流れを良くすることを心掛ければよいのです。しかし、この説明のための注の部分が膨大になって本文を圧倒するようになっても奇妙です。あくまでも本文が主で注は従であることを銘記すべきであります。

説明のための注とは反対に、論証を省略するための注というものもあります。たとえば、資本の本源的蓄積という問題について既にマルクスが『資本論』で行った論点があり、自分はそのマルクスの説に従って研究を進めるとするならば、自分の論文の中で今からマルクスに遡って同じ論証を繰り返す必要はありません。つまり、マルクスをパラダイムとしている学派にとってはマルクスの所説そのものを論証する必要はないのです。マルクスのどの著作のどの箇所から自分が出発しているのかを明示すればよいのです。あるいは、「帝国主義」のある特質についてレーニン説を基礎とした上で今日の帝国主義を論じようとするならば、レーニンのどの本のどの頁ということを注記して議論を進めればよいのです。これに対して、マルクス説でもレーニン説でも、それ自体を再検討する必要があると考えるならば、その場合はマルクスもレーニンも研究の方法的出発点ではなくて研究の対象となるわけですから、彼らの著作自体が資料となることになり、注記の意味が変ってきます。

（二）引用の出所の注

論文の中に他人の文章を引用する場合にはそれをどこから持ってきたかをはっきりさせなければなりません。また、直接に引用するのではない場合にも、自分の見解と他人の見解との区別をはっきりさせるために、他人の見解の部分については、その出所を注として明記することは倫理的なルールでもありますし、また著作権法上の問題でもあります。他人の研究成果をあたかも自分が発見したことのように書くことは盗作や剽窃になりますから、この問題については自分が某氏の研究成果に負うているということを注として明示しなければなりません。

論文中で扱われる資料については、その出所を明らかにするために注記が必要です。たとえば、ビスマルクの演説の中の一節を引用する場合に、それをどの書物の何頁から採ったかを明記しなければなりません。また、厳密な数字が必要な場合にはそれの出所を明らかにする必要がありま す。常識的に理解されている数字や概算の数字、たとえば「日本の一億二千万の人口」とか、「二万トン級の船」とかいった程度の表現に注記する必要はもちろんありませんが、ある事件での死者数が一二二五名であるという類の、読者にその出所を疑わせるような数字については出典を注記する必要があります。

このような注をつける時に、いわゆる「孫引き」を絶対に避けなければなりませんし、「孫引き」である場合はそのことを断ることが絶対に必要です。孫引きというのは、Ａという書物からＢという人が引用しているとしますと、もとのＡに当って確かめることなく、Ｂの引用したＡをそのまま引用することです。この場合、ＢがＡを正しく引用したという保証はないわけですから、Ａに当らずにＢの引用だけに頼ると誤りを生ずることがあります。ＢがＡを省略して引用しているかも知れないし、誤訳しているかも知れません。あるいは昔の写本のように書き間違いがあるかも知れません。Ｂに頼ったＣはもとのＡとはいくらか違ってくる、さらにＣを再引用したＤはもっと違ってくるということになります。こうなると、研究内容の真理性が問題となることになります。そこで、絶えずもとのＡに遡って確かめるという原典主義が求められるのです。日本では翻訳から引用することを戒めるやかましい先生が多いのですが、翻訳自体が誤っていないという保証はないのですから、原典に当って確かめるという態度が必要なのです。

しかし、Ａを引用したＢの本を読んだが、もとのＡは入手できないという場合は多くあります。とくに資料が門外不出である場合や外国にある資料の場合にはその例は多いはずです。そのような時は、Ｂからの孫引きであることを明記するほかありません。Ａから直接引用したような顔をしてはならないのです。いわば原典尊重主義とはもとのものの姿を歪めないという精神であって、実際にそれが貫徹できない条件の下ではその条件を率直に表わせばよいのです。

注とは論述の基礎としての学問的手続を明記するために要求されるものですから、誰でも知っている常識的な事柄や、その分野の現在の学問水準で自明とされている知識についてまでその出所を注記する必要はありません。教科書的な知識は一応常識化しているという前提の下に論文は出発しているのですから、たとえば、フランス革命の勃発は一七八九年であるという記述に注記する必要はありません。大学や高等学校程度の概説書や教科書を注記してはならないのはそのような理由によるのです(もっとも概説・概論の類の書物でも、それ自体が独創的な業績として学界に知られているような場合には、注記する必要が生ずることもあります)。

あるいは、聖書やシェイクスピアのように世界的に共有財産になっているものについては、岩波文庫版の何頁からの引用だと断る必要はありません。また、日本の場合には、諺とか歌舞伎の有名な科白《せりふ》についても出典を書く必要はありません。聖書のように既に歴史の財産となっていて、それについては議論する必要もない言葉や概念などについて、これは聖書のどの版の何頁からの引用だと注記することはペダンティック(衒学的)であり、またエネルギーの無駄な消費というものです。しかし、聖書やシェイクスピアそのものを研究対象としている場合には、当然のことですが、話が違ってきます。どの版とどの版とが同じか違うかが研究テーマであれば、聖書もシェイクスピアも、自分の使用した版本のどの箇所ということを明記しなければ研究として意味をなさないことになります。

このようにして、注というものはある学術論文が得た学術上の新しい情報を伝達する手段としての一つの型であります。注には絶対的な規則があるわけではなく、自分の論拠を読者に理解してもらうために、相手が読んでわかるように一定のルールを設けるのです。次に述べるように注の形式にも幾つかの種類があります。どの形式にせよ、あくまでも注が必要とされる理由を理解することが前提で、その上で注を選ばなければなりません。

2 注の形式

学術論文の注とは、結局のところ、本文に織り込んではどれが本線かどれが支線かわからなくなるような混乱を防止して、論述の流れを良くするためにあるものです。したがって、どのような形式で注を付けるかに悩むよりも、論述の内容の上でどのような箇所に注を付けることが必要であり適切であるかを考えることが重要です。既述のように、注を付ける必要のない、いわばわかりきった事柄に注を付けることは無意味ですが、反対に、注が無いためにこの言葉や数字は一体どこから採ってきたのであろうかと読者が首をかしげるようであっても困ります。注が何故必要であるかを考えぬいた上で、必要なものは落さずに、不必要なものはどしどし削除する心構えがまず求められるのです。また、たとえば引用文には注が必要ですが、その引用文が短ければ本文の中に「　」を付けて織り込み、注にはその出所だけを明記すればよいのですが、引用すべき文があまりに長く、本文の文章の流れを妨げるようであれば、その引用文全体を注に廻し、その注の後に（　）を附してその中に出所の文献名を記入することになります。なお、この引用文を注に廻した場合に、文献名に（　）を付けるのは、一つの注が全体として一つの文章であるべきだという考え方に由来しているのです。（　）を付けないと引用文と文献名が別々のものであるかのように読まれる惧れがあるからです。

日本語の論文の場合、注には幾つかの形式があります。手近にある学術書を開いてみれば、注が大抵の場合、本文よりも小さい文字で組まれていることに気付くことでしょう。これによって、本文と注との区別が読者にはっきりするのです。しかし原稿用紙に手書きにする場合には、注をことさら小さい字で書く必要はありませんが、読みやすいように原稿用紙の枡目を一段か二段下げて書くといった工夫が必要です。また、次に述べる「割注」や「頭注」などの形式を用いる場合には、やや小さ目の字で書かないと実際に字が書き込めないでしょう。本文中で注を指示した箇所には１２、(1)(2)、(一)(二)などの番号や、※(米印)、＊(アステリスク)、†(ダガー)などのマークを付けますが、注の数が多い場合には番号を用いた方がよいでしょう。その場合、慣習的に番号が100を越えない方がよいとされています。実際に一つの論文で注が百以上になることは多くはありませんが、もしそのようなことがあれば、各章あるいは各節に分けて注の番号を付ければ自ずから注の番号は少なくなります。それでもなお100を越えることがあれば101を１とし、102

を2とするという具合に改めて番号を付け直すのです。

注の形式は、縦書きの文章(印刷した場合には縦組)と横書きの文章(印刷した場合には横組)の場合とでは幾らか異なります。

縦書きの文章の場合に一般に多く用いられるのは「後注」と呼ばれる形式です。注の部分を一括して章あるいは節の後に付ける形です。この形式の場合、各章ごとに、あるいは各節ごとに注に番号を付けた方が既述のように注の番号が多くならなくて済みます。あまり注の番号が大きい数字になると、注の追加や削除があって、訂正の必要が生じた場合に手数がかかります。どのような注の形式をとるかは、専門分野によって、あるいは研究内容によって一概には決められませんが、この後注形式が書く側にとっても、読む側にとっても無難であるといえましょう。

この後注形式のまとめ方をさらに拡大した形として、各章ないし節ごとの注をすべて一括して本文の最後に持ってくる形があります。できれば、この一まとめにした注の部分を参考文献目録などと共に論文の別冊として、本文とは別個に綴じた方がよいでしょう。論文を審査する側からすると、本文を読みながら、該当する注を並べて検討することができるからです。

次に「傍注」という形がありますが、これは一般にあまり用いられていません。印刷された一頁をひろげた場合に、頁の左端に次頁のA図のような形に付けられるものです。欧文の脚注形式を縦にしたようなものですが、本文と注の字数を計算して、注がうまくその頁にあてはまるよう

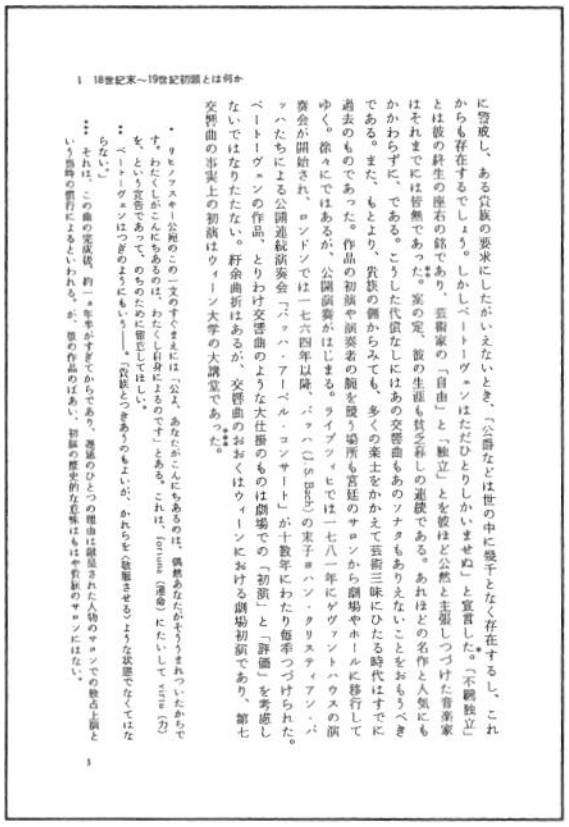

1　18世紀末～19世紀初頭とは何か

に警戒し、ある貴族の要求にしたがいえないとき、「公爵などは世の中に幾千となく存在するし、これからも存在するでしょう。しかしベートーヴェンはただひとりしかいませぬ」と宣言した。*「不羈独立」とは彼の終生の座右の銘であり、芸術家の「自由」と「独立」とを彼ほど公然と主張しつづけた音楽家はそれまでには皆無であった。**案の定、彼の生涯も貧乏暮しの連続である。あれほどの名作と人気にもかかわらずに、である。こうした代償なしにはあの交響曲もあのソナタもありえないことをおもうべきである。また、もとより、貴族の側からみても、多くの楽士をかかえて芸術三昧にひたる時代はすでに過去のものであった。作品の初演や演奏者の腕を競う場所も宮廷のサロンから劇場やホールに移行してゆく。徐々にではあるが、公開演奏がはじまる。ライプツィヒでは一七八一年にゲヴァントハウスの演奏会が開始され、ロンドンでは一七六四年以降、バッハ（J.S.Bach）の末子ヨハン・クリスティアン・バッハたちによる公開連続演奏会「バッハ・アーベル・コンサート」が十数年にわたり毎年つづけられた。ベートーヴェンの作品、とりわけ交響曲のような大仕掛のものは劇場での「初演」と「評価」を考慮しないではなりたたない。紆余曲折はあるが、交響曲のおおくはウィーンにおける劇場初演であり、第七交響曲の事実上の初演はウィーン大学の大講堂であった。***

* リヒノフスキー公宛のこの一文のすぐまえには「公よ、あなたがこんにちあるのは、偶然あなたがそううまれついたからです。わたくしがこんにちあるのは、わたくし自身によるのです」とある。これは、fortuna（運命）にたいして virtu（力）を、という宣告であって、のちのために留意してほしい。

** ベートーヴェンはつぎのようにもいう――。「貴族とつきあうのもよいが、かれらを〈敬服させる〉ような状態でなくてはならない。」

*** それは、この曲の完成後、約一ヵ年半がすぎてからであり、遅延のひとつの理由は献呈された人物のサロンでの独占上演という当時の慣行によるといわれる。が、彼の作品のばあい、初演の歴史的な意味はもはや貴族のサロンにはない。

3

Ａ　図

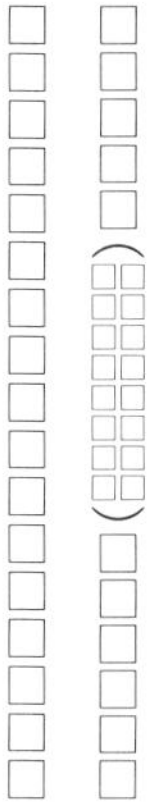

Ｂ　図

□□□□□はゲッベルス（ナチス・ドイツの宣伝相、一九四五年ヒットラーに殉死した）が語ったように□□□□□□

Ｃ　図

に一頁を配分しなければならないので、パソコンで打つ場合にはかなり面倒ですし、二百字や四百字詰の原稿用紙に書く場合には、この形式は書く方にも読む方にとっても不便です。

「割注」はＢ図のように、本文の中で注を付けるべき箇所に（　）を付け、この括弧の中に小さい字で二行にわたって注を記入するものです。一般に馴染みの薄い地名・人名あるいは度量衡などが本文中に現われる場合には、このような形は読者には親切です。これは翻訳書などにはしばしば用いられる形式です。たとえば、本文の中にギリシャ神話のアテナが出てくる際には、アテナ（ギリシャ神話上の知恵と芸術などの女神）という具合に割注を付けます。この場合に二行のそれぞれの字数が大体において同じになるように揃えなければなりません。また行末から行の始めにまたがるような場合には、Ｃ図のように前の行で二行に分けて

ディルタイによれば「自叙伝はわれわれの生の理解がとり得る最高の教訓的形式である」(Wilhelm Dilthey, *Gesammelte Schriften*, Stuttgart, 1958, Bd. VII, S. 199.)とされる。われわれにと

D　図

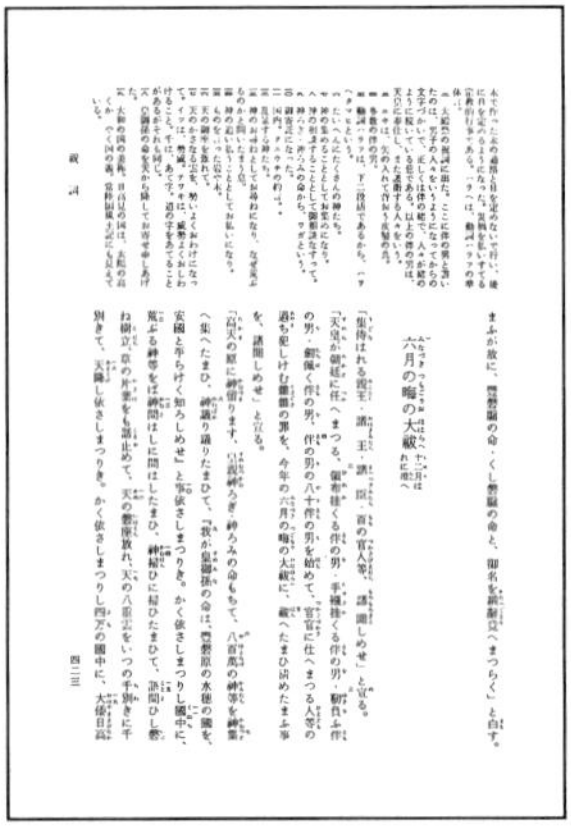
まふが故に、豊磐牖の命・くし磐牖の命と、御名を稱辭竟へまつらくと白す。

六月の晦の大祓　十二月はこれに准へ

「集侍はれる親王・諸王・諸臣・百の官人等、諸聞しめせ」と宣る。

「天皇が朝廷に仕へまつる、領巾挂くる伴の男・手襁挂くる伴の男・靫負ふ伴の男・剣佩く伴の男、伴の男の八十伴の男を始めて、官官に仕へまつる人等の過ち犯しけむ雑雑の罪を、今年の六月の晦の大祓に、祓へたまひ清めたまふ事を、諸聞しめせ」と宣る。

「高天の原に神留ります、皇親神ろき・神ろみの命もちて、八百萬の神等を神集へ集へたまひ、神議り議りたまひて、『我が皇御孫の命は、豊葦原の水穂の國を、安國と平らけく知ろしめせ』と事依さしまつりき。かく依さしまつりし國中に、荒ぶる神等をば神問はしに問はしたまひ、神掃ひに掃ひたまひて、語問ひし磐ね樹立、草の片葉をも語止めて、天の磐座放れ、天の八重雲をいつの千別きに千別きて、天降し依さしまつりき。かく依さしまつりし四方の國中に、大倭日高

祝詞　　四二三

E　図

これはファンダメンタリスト(1)の思考様式と一脈相通ずるものがある(イ)「存在が思考に先立つ(2)」と説かれているように、われわれの思惟は(ロ)

F　図

書き、次の行でまた改めて二行に分けて書き始めるといった工夫が必要です。この割注形式もあまり頻繁に用いると、読者に煩瑣な印象を与えますので、とくに一般に知られていない人名・地名などでない限り、C図の場合を例にとりますと、「ナチス・ドイツの宣伝相ゲッベルスが語ったように」という具合に、本文に繰り入れてしまう方が読みやすいでしょう。また、割注形式の代りに、出所となる文献などを括弧の中に一行で書き入れることも行われています(「挿入注と呼ばれます」)。たとえばD図のように書くわけです。このような文中の注は、資料を重視する実証的な研究・調査よりも、理論的な考察に重点のある研究あるいは評論などで用いられることが多いようです。

「頭注」は一頁の上端の余白にE図のように注を記入する形式で、割注と同じように本文の中で読者

が理解しにくいと思われる箇所についてE図のような形で注を付けるものです。国文学の古典の普及版などではしばしば用いられる形式です。これはある言葉などの説明のためには読者に便利な点もありますが、スペースが限られているために傍注と同じようにかなりの技術的工夫を必要とします。このほかにも頭注とは反対に「底注」と呼ばれる、頁の下方に余白をとり注を付ける形がありますが、これは横書きの「脚注」を模倣した形で縦書きには不適当です。

　このように縦書きの原稿の場合に、幾つかの形がありますが、どの場合にしても本文の中で注を指示する場合のマークは、行の右側に付けることを忘れてはなりません。横書きの場合には行の上方に付けます。また、マークの位置は、注を必要とする本文の意味によって異なります。たとえば本文のある単語について注によって説明する必要があるならば、たとえばF図の(イ)の例にある注(1)のように、その語の終りの右側に注の番号(ないし符号)を付けることになります。また、ある言葉や文章を引用する場合には、引用した「　」の文章の終りの箇所にやはり同様に注の番号を付けます。F図の(ロ)の例です。あるいは、「この問題について彼が政治資金として使用した金額は二億八千五百万円(3)と見積られている」というように、出所が問題となるような数字についてはやはり、数字の右下方に(3)のように注の番号を付けることになります。

　また、一つのセンテンスの終りに注の番号を付けることも多く行われております。たとえば、その文章の意味するところ全体がある人の著作に依拠している場合にはそのセンテンス全体の終りに注の番号を付けることになります。

このようにして、本文中の幾つかの箇所に注の番号(ないし符号)が並ぶわけです。出典の注の場合には、さき(第二章)に述べたような要領で文献名と引用した頁数を記入します。すなわち、和書の場合、著者名・『書名』・出版社名・刊行年・頁数を書かなければなりません。もっとも、出版社名・刊行年を並べる順序は学会や出版社によって必ずしも一定しておりませんが、そのような約束がなければ、一般的には出版社名の方を先に書き、出版社名と刊行年を括弧でかこめばよいのです。文献目録の各文献に番号を付けて、文中の注として、その番号を書いて、引用すべき頁数だけを書く方法もあります。たとえば、文中に括弧を書き、括弧内に番号・頁数を書くのです。(3, 120)という式の書き方です。三番目の本の一二〇頁という意味です。あるいは、著者・発行年・頁数という形の省略法もあります。これは主に理科系の論文に採用されています。(著者, 1989, 120)という式の書き方です。なお、岩波新書とか新潮文庫とか、その名を記せば自ずから岩波書店や新潮社という出版社がわかる場合もあります。この場合に岩波新書とか新潮文庫とかは記入してもよく、しなくてもよいのですが、出版社名は落してはなりません。こうして文献名の挙示は、普通は次のようになります。

升味準之輔『現代政治と政治学』(岩波書店、一九六四年)二四五頁。

なお、注においてはこのような文献名についても一つのセンテンスと考えるので、最後に句点

（。）をつけることを忘れてはなりません。

同じ文献を何回にもわたって注として挙示することがあります。そのような場合は、二回目からは著者の姓と参照頁数だけを指示し、「前掲」あるいは「前掲書」と書き入れます。たとえば、

　升味、前掲書、一四二頁。

たとえば山田という同姓の著者がいる場合にはやむを得ず、山田盛太郎というように名を正しく書くか、略して、山田（盛）と書きます。また、同じ著者による書物が二冊以上あってまぎらわしい場合には書名を補わなければなりません。たとえば、

　升味、前掲『現代政治と政治学』九八頁。

同姓同名の著者がいて紛らわしい場合には、著者の名にａ、ｂといった符号を付けて区別します。小林久夫ａ、小林久夫ｂという具合です。

雑誌や論文集などに掲載された論文について注記する場合には、雑誌名に『　』を、論文名に「　」を附します。この場合には刊行年月は記入する必要はありません（しかし、雑誌の巻・号の通しナンバーがない雑誌の場合には、もちろん年月を記入しなければなりません）。たとえば、

　斉藤孝「学術論文の技法」㈢（『エディター』二七号、三七頁）。

なお、一般に手に入らないような珍しい文献・稀覯本とか、古文書、未刊行資料を挙げる際にはそれが所蔵されている場所をも併記が必要です。また、最近では研究テーマ上の関係者からヒ

アリングをとることも行われておりますが、そのような場合には、次のようでよいでしょう。

一九七七年一月二十日、小林大助氏の筆者に対する談話(テープは、××大学△学部図書館所蔵)。

このようにして、日本語の文献の場合には参照のための注を付けることが比較的に容易ですが、これが洋書についての注になりますと、外国語の種類によっていろいろな約束があってやや面倒ですので、これについては次に節を改めて説明することにします。

3 欧文の注

英語・ドイツ語・フランス語などの外国語で論文を書く場合には、いうまでもなく、もともと横書きですから、注の番号は行の上方(上付き)に付けます。欧文論文の注は、脚注(footnote)形式のもの、章・節の後に一括する後注形式のもの、あるいは注をまとめて別冊とするものなどがありますが、これらそれぞれについての長所・短所は前節で述べたことと同様です。

外国語文献の挙示の仕方は、第二章で述べた原則を応用すればよいのですが、さらに注として挙げる場合にはいくらか面倒な約束があります。

書名・雑誌名はイタリックで示す(ワープロソフトで書く場合や、手書きによる場合は、下方にアンダーラインを引く)方が読者には便利です。また、洋書の場合は、出版社名ではなくてロンドンとかパリとかの刊行地を記せば十分です。また日本語訳のある書物で、自分がその訳本をも参照した場合には、日本語訳の書名をも併記しておく方がよいでしょう。

ヨーロッパ系の各国語については、固有名詞の表記、大文字や略語の使い方などにそれぞれの国語に独自の流儀があるとともに、また、各国語に共通するラテン語による略語も使われます。さらに、このラテン語の略語をあまり好まない国もあります。日本の学界では日本語で書かれた論文の注について、英語の書物については英語流に、ドイツ語の書物についてはドイツ語流の表記が採用されています。もともと日本語の論文を書くのに外国語文献の参照注についてだけ外国語の約束に従うのは考えてみれば妙な話です。アメリカの学界ではドイツ語の文献を引用する場合でも大胆に英語流の表記を使っています。しかし、英語文献は英語流に、ドイツ語文献はドイツ語流に表記することは、日本の学界で慣行となっており、また、その方が引用された文献を読者が使用しようとする場合に便利でもあります。いうまでもなく、論文を外国語で書くか、外国語に翻訳する場合にも、外国語による注記の仕方を心得ていなければなりません。

文献名の表記

欧文の書物、すなわち印刷され、刊行された本あるいは雑誌については、その標題は必ずイタリックで書きます。その場合、書物の扉頁に掲げられている標題を(副題がある場合には副題をも含めて)書くのが原則です。

Alexander Dallin, *The Soviet Union at the United Nations, an Inquiry into Soviet Motives and Objectives* (New York, 1962), p. 65.

雑誌や論文集に掲載された論文の場合には、論文中に“ ”（ダブル・クォーテイション）を付け、雑誌ないし編著の標題をイタリックにします。

John Knight, “Matchless Magellan: The Story of a Voyage,” *The Middle's State Historical Journal*, XXXII (1927), 510.

このように洋書の雑誌の巻数はローマ数字の大文字によって現わし、頁数をアラビア数字で示します。括弧の中の刊行年は省略してもよいのですが、外国雑誌の場合は記入しておく方が読者に親切でしょう。また、頁数にはp.を付けません。雑誌の標題をイタリックにし、論文の標題を“ ”で囲むのは、雑誌が一年分合本になり製本されているものと考えているからです。普通、図書館では雑誌を一年分ずつ製本して（これで一巻になります）保存しています。そのために、雑誌には各号ごとの頁数があると同時に、各巻ごとの通し頁数が付けられています（大衆的な市販雑誌には巻の通し頁数がない場合もありますから、そのような場合は各号の頁数を示すほかありません）。ここに引いた例でいいますと、510とあるのはこの雑誌の第三十二巻（一九二七年）の通し頁の五一〇頁という意味です。

共著や編著などの形で刊行された書物についても雑誌と同じように考えるのです。したがって、論文の標題は“ ”で囲み、書物の標題をイタリックとし、その本の中にという意味でinという字を入れます。

George M. Trevelyan, "The Age of Johnson," in A. S. Turberville ed., *Johnson's England* (Oxford, 1933), I, 12.

著者名の表記

著者がヨーロッパ系の人である場合には普通、ファースト・ネームを初めに書き、次にファミリー・ネーム（ラスト・ネーム）の順で書きます。ファミリー・ネーム（姓）以外の名については、著者によってフル・ネームで書いたり、イニシアルだけにしたり、さまざまですが、要するに書物の扉頁にある書き方に従います。なお、文献目録や索引などで著者名をアルファベット順に並べる場合には、ファミリー・ネームの頭文字で揃え、それぞれ姓の後にコンマを打ちます。ただ、この際、ロイド＝ジョージDavid Lloyd Georgeのような複合姓の場合にはLloyd George, Davidという順になります。また、ビスマルクOtto von Bismarckのように前置詞が姓の一部になっている人の場合にはBismarck, Otto vonという順にします。

著者名が書いていないパンフレットのような出版物の場合には、「匿名」という意味でanon.という言葉を著者名の代りに書きます。たとえば、

Anon., *The October Revolution in Asturias* (Barcelona, 1936).

しかし、匿名であっても著者名が明らかに確認できる場合や、あるいはペンネームで書かれた著作について実名が明らかである場合には、［　］(ブラケット)を付けて補うという形式をとります。

［Max Werner］, *Military Strength of the Powers* (London, 1937).

Ernest Henri［Max Werner］, *Rosenberg's Plan to the East* (London, 1934).

著者が複数である場合には、普通は三名までは、その名を連記し、四名以上の場合には主要な著者名を挙げ、他はその他という意味のラテン語の略語 et al. で現わします。

Seymour M. Lipset and Stein Rokkan, *Party Systems and Voter Alignments, Gross-National Perspectives* (New York, 1967).

John Knight et al., *The History of Exploration in America* (New York, 1927).

著者ではなくて編者が代表として名が掲げられている論文集のような書物については編者名の次に ed.(編者)という語を補います。

S. J. Woolf ed., *European Fascism* (London, 1968).

編者が複数である場合にはこの ed. は eds. になります。

また、個人ではなく、団体や組織の名が著者や編者となっている刊行物がありますが、その場合には、その団体や組織を個人と同様に表記しますが、編著の場合でも ed. という字は使いません。

International Committee for the History of the Second World War, *Politics and Strategy in the Second World War* (Manhattan, Kansas, 1976).

文献の発行データの表記

文献名の表記についてはさきに述べた通りですが、なお一、二の点について追加します。

刊行地が他に同じ地名があるケムブリッジのような場合、アメリカの場合にはCambridge, Mass. のように州名を補い、ドイツの場合にはFrankfurt am Main のようにその土地で用いられている呼び方を記します。刊行地のわからないものはn.p.(no place)と入れます。

一般の書物は刊行年がどこかに記してあるものですが、時にはどこを探しても見当らないことがあります。そのような場合には、n.d.(no date)という字を記入します。たとえば(London, n.d.)のように書くのです。しかし、何らかの方法によって、その書物の刊行年が明確である場合には［　］の中にその年を記入します。(London, [1939])と書くのです。あるいは推定によって恐らく一九三九年であろうと考えられる場合には疑問符を付けて(London, [1939?])のように書きます。また刊行年が何年にもまたがっている数巻本の場合には、たとえばある書物が一九二五年から二八年にかけて次々に刊行されたとするならば(1925–1928)のように - (二分ダーシ)を引いて前後に年を記入します。

また改訂版、第二版のような場合には、rev. ed. とか 2nd ed. というように扉頁に書いてあるものを記入します。

刊行地名の次にはコンマを打ち、次に刊行年を書き、両者を括弧で囲んで、次にピリオドを打ちます。たとえば(London, 1939). のようになります。出版社名を入れる場合には刊行地の次に書き、コンマを打ちます。たとえば(Baltimore, The Johns Hopkins Press, 1970). しかし、その次に頁数が来る場合には、ピリオドは頁数の後に来ます。たとえば(London, 1939), p. 55. (Baltimore, The Johns Hopkins Press, 1970), p. 55. という具合になります。

大文字の用法

欧文の書物や雑誌の標題にはイタリックを使用するということを既に申しました。もう一つ、面倒なことがあります。それは大文字の使い方についてヨーロッパ系の各国語の間に微妙な相違があることです。これも絶対的な約束とはいえず、各国の学界にもたとえばなるべく小文字を使うなどの試みもあるようですが、まだ大勢を占めるまでには至っていません。煩瑣ではありますが、各国語それぞれの流儀を心得ておかなければなりません。

(1) 英語の場合　英語ではどちらかといえば大文字を多く使う傾きがあります。文献名の最初に来る文字はもちろん大文字にしますが、他の語は、冠詞・前置詞・接続詞以外の単語はその最初の一字を大文字で書きます。

Christopher Tunney, *A Biographical Dictionary of World War II* (London, 1972).

Jacques Godechot, *France and the Atlantic Revolution of the Eighteenth Century, 1770–1799* (London, 1965).

（2）ドイツ語の場合　ドイツ語では、最初の文字のほかに、名詞（固有名詞をも含む）の最初の一字をすべて大文字で書きます。また、「貴方」の意味で用いられるSieとその変化形は大文字で書きます。したがって、固有名詞的な意味であっても形容詞は大文字では書きません。たとえば、フランスFrankreichは大文字を用いますが、フランス革命die französische Revolutionの場合のfranzösischには大文字を用いません。

Adolf Heusinger, *Befehl im Widerstreit, Schicksalsstunden der deutschen Armee 1923–1945* (Tübingen, 1957).

（3）フランス語　フランス語は大文字の使用を避ける傾向があります。フランス語では最初の語と固有名詞を除いては大文字を用いません。しかし、最初の語が冠詞の場合には、次に来る名詞は大文字にします。また、たとえばUn Grand Espoirのように名詞の前に形容詞がある場合にはその形容詞も大文字にするという約束があります。また、シリーズ物や雑誌の標題は英語と同様に、冠詞・前置詞・接続詞以外は大文字で書かれます。

Maurice Bardeche, *Qu'est-ce que le fascisme ?* (Paris, 1961).

Maurice Baumont, *La Faillite de la paix* (Paris, 1951).

Revue Française de Science Politique.

また、このように標題として用いられている語の大文字の場合にはアクサン（アクセント）をつけません。

(4) イタリア語　イタリア語の場合には、最初の語と固有名詞だけを大文字にします。シリーズ物や雑誌についても同様です。

Benedetto Croce, *La storia come pensiero e come azione* (Bari, 1954).

Rivista storica del socialismo.

(5) スペイン語　スペイン語での大文字の使用法はイタリア語と同様に考えてよいでしょう。しかし、シリーズ物、雑誌についてはフランス語と同様に主な語を大文字で始めることが多く行われています（書籍の題名のように扱う書き方もあります）。

Guy Hermet, *Los comunistas en España* (Paris, 1971).

Revista de Trabajo.

ロシア語の文献

ここでは現在ロシアで出版されている書物に限って説明を加えます。ロシアで出ている書物には普通最終頁に奥付がついており（標題頁の裏にあることもあります）、そこに著者名・書名・版・

出版所・刊行地・刊行年など文献挙示に必要なデータが記載されておりますから、これを利用すればよいのです（さらに、印刷部数とか価格などのデータが示されております）。ロシアの書物では何人かの共著や編集委員会による共編などがあり、文献データを作成する場合に迷うことがありますが、奥付に記載されたデータに依拠すればよいのです。大文字は、標題の始めの時と固有名詞の最初の字について用いられます。

欧文の略語

同一の書物を注として続けて二回目に挙示する場合には「前掲」という意味のラテン語の略語 *ibid.* が用いられることが多く、このほかにも注にはさまざまな略語が用いられます。この略語の用い方も各国語によって一様ではなく、わが国では誤用されることも多いので、*ibid.* を始めとする略語の意味について正しく知っておくこと、同時に使用の一貫性を保つことが必要になります。

ibid. これはラテン語の *ibidem* を略したもので「同じ場所に」という意味です。たとえば、「注1」として Frederick L. Schuman, *Night over Europe, the Diplomacy of Nemesis 1939–1940* (New York, 1941), p. 234. という具合に掲げたとして、続いて「注2」として同じ書物の他の頁を挙げる場合、「注2」は *Ibid.*, p. 325. という具合になります。この際、イタリックが用いられ、始めの字は大文字となります（小文字で一貫する流儀もあります）。もし、「注1」と同

じ頁から引用しているのであれば *Ibid.* だけでよく、頁数は要りません。

ibid. はあくまでもすぐその前に挙げた文献に続いて同一の文献を示すものですから、たとえば次のように「注1」に二冊の文献が挙げてある場合、「注2」の *ibid.* は Schuman の本ではなくてその後にある Henderson の本を指すのです。

（1）Frederick L. Schuman, *Night over Europe, the Diplomacy of Nemesis 1939-1940* (New York, 1941), p. 234.　Sir Nevile Henderson, *Failure of a Mission, Berlin 1937-1939* (London, 1940), p. 92.

（2）*ibid.*, p. 105.

ドイツ語の文献では *ibid.* を用いず、ebenda あるいはその略語 ebd. を用います。これは「同じ所に」という意味です。注の初めに位置する場合には、Ebenda と大文字になります。なお、この語についてはイタリックにしません。

ロシア語の場合には、*ibid.* に当る言葉として Там же を用います。これもイタリックにしません。

ibid. が前に掲げた注に続けて同じ文献を挙示する場合に用いられるのに対して、「前掲書」という意味の *op. cit.* という略語は、間に他の書物の引用があって隔てられている場合に用いられます。*op. cit.* はラテン語の *opere citato*（「引用した作品の中に」の意味）の略です。この語を用いる

時には、必ず著者名(姓のみ)を附して用いなければなりません。たとえば、Frederick L. Schuman, *Night over Europe, the Diplomacy of Nemesis 1939–1940* (New York, 1941), p. 234. として、幾つかの注を隔てて再びこの書物を挙げる場合には Schuman, *op. cit.*, p. 105. という具合に記します。この際、*op. cit.* の最初の字は大文字にはなりません。

loc. cit. という略語(さらに *l.c.* とも略されます)は、*loco citato*(「引用された場所に」という意味のラテン語)を略したもので、*op. cit.* とほぼ同様に使われますが、多少の相違があります。*loc. cit.* は同じ書物の同じ頁を指します。その場合は *ibid.* の用法の一つと同様になることもあるわけです。しかし、*loc. cit.* は他の注を隔てて同じ書物の同じ頁を引用する場合にも、著者名を附して Schuman, *loc. cit.* のように(すなわち、Schuman 前掲書の同じ頁に、という意味で)も用いられます。これもイタリックにすること、文頭に置かれる場合に大文字にします(*op. cit.* と同様、小文字で一貫する流儀もあります)。このほかに *loc. cit.* には雑誌論文や未公刊文書などの場合に *op. cit.* の代りに用いられることもありますが、この用法は欧文文献でも必ずしも一貫しておりません。

また、*op. cit.* にしても *loc. cit.* にしても、同じ著者に二冊以上の著作がある場合などには混乱を生じます。注の役割はあくまでも読者に文献的根拠を明らかにすることにあるのですから、同じ著者による幾つかの文献があるような場合、むしろ初出の場所で書名を略記することを断って、それによって一貫する方が読者にはわかりやすくなります。たとえば、Frederick L. Schuman, *Night over Europe, the Diplomacy of Nemesis 1939-1940* (New York, 1941). と書名を挙げた次に「以下 Schuman, *Night* と略」とでも、あるいは「以下 Schuman, *Night*……と略」とでも記しておけば、論文の注全体を通じて、この略記を繰り返せばよいのです。引照文献が多量に上る場合には、このような文献名略記の一覧表を目次の後にでも掲げておけば便利です。

ラテン系の言語ではラテン語の略語を用いますが、ドイツ語では a.a.O. という略語が *op. cit.* と同じように用いられます。これは am angeführten Orte の略で、「前に掲げた場所に」という意味です。これは著者名に続いて用いられます。たとえば、前にドイツ語の書物 Walther Hofer, *Die Entfesselung des Zweiten Weltkrieges* (Berlin, 1960) という書名が注記されており、この書物を二度目に掲げる場合には Hofer, a.a.O. という具合に a.a.O. をイタリックにしないで注記します。また、ロシア語では указ, соч. が *op. cit.* に当る略語です。

ところで、一つの論文に英語やドイツ語やロシア語などの異なった言語による文献が混在している場合、このような略語をどのように使うかが問題となります。外国では概して自国風の略語使用法で一貫することが多いようです。たとえばアメリカの学界では、引用される文献が英語であろうとドイツ語であろうと、ラテン語略語で間に合わせてしまいますし、ドイツの学界では反対にドイツ語の略語で一貫します(もっともこれにも例外があって、外国の文献の場合にはその言語の慣習に従う著者もおります）。しかし、日本の学界では、引用する文献の言語によってそれぞれの言語による略語を使用する慣習となっているので、一つの論文に *op. cit.* と a.a.O. とが同居するのです。これも考えてみると不自然な気がしますし、略語の使用法に悩むくらいならば、既述のように書名を簡略化してその都度掲げる方が能率的かも知れません。

恐らくもっとも頻繁に用いられる略語は「頁」を表わす p. でしょう。これは英語・フランス語では page の略であり、ラテン語の pagina・イタリア語の pāgina・スペイン語の pāgina の略になります。これらの言語では、たとえば一五頁を表わす際に p. 15 という具合に用います。引用する頁が二頁以上になる場合には pp. 15–16 となります。pp. 15–6 という書き方をする人もいますが、これは良くないものとされています。15 p. とするとその本の分量が一五頁あることを意味します。

ドイツ語の場合 p. に当るものは S. で、これは大文字で書かれます。もとの Seite という名詞が始めの一字を大文字で書かれるからです。S. は複数でも S. で SS. とはなりません。ロシア語では стр. (страница の略) が頁を示す略語として用いられます。

f., ff. という略語もかなり多く用いられます。これは and the following の略で「及びその次の」という意味です。たとえば五五頁及び五六頁を指す場合に pp. 55–56 とする代りに p. 55 f. とするのです。あるいは五五頁に続けて数頁にわたって引照する場合に p. 55 ff. と書きます。これは便利な書き方ですが、五五頁に続く何頁分が引照部分なのか明瞭でなく、わざわざ曖昧にしているのではないかと疑われることもあります。その意味では pp. 55-56, pp. 55-59 という式の書き方の方が望ましいといえましょう。このほかに f., ff. と同様の意味で *seq.*, *seqq.* という略語(「以下」を意味する sequens, sequentes というラテン語の略)が用いられる場合もあります。また、*passim* という「到る所に」を意味するラテン語もしばしば用いられます。引照する論点や事実がある文献のあちらこちらに出て来る場合に用いられますが、この用法はかなり曖昧で、p. 178, *passim* とあれば同じ趣旨のことが一七八頁の中のあちらこちらにあるという意味ですし、pp. 25-26, *et passim* とあれば、同じ趣旨のことが二五頁から二六頁にわたって、さらに同じ本の随所に繰り返されているという意味になります。

その他の略語

このように、欧文の注をつける場合に略語の使用法を知っておくことは便利であり、慣れれば決して難しいものではありません。以上に挙げたほかに欧文では実にさまざまの略語が用いられております。日本語による論文の場合に、欧文略語をどの程度用いてよいかについては意見が分かれております。たとえば、「この点については他のこれこれの本と比較せよ」とか「これこれの本を参照せよ」という指示を注によって与える場合に cf. という略語を使って *cf.* Frederick L. Schuman, *Night over Europe, the Diplomacy of Nemesis 1939-1940* (New York, 1941) と書くこともできますし、「Frederick L. Schuman, *Night over Europe, the Diplomacy of Nemesis 1939-1940* (New York, 1941) と比較せよ」という具合に日本語を入れて書くこともできます。むしろ、日本語による論文であるから文献データ以外は日本語で書くべきだという意見を唱える人もおります。それも一理ありますし、学術雑誌によって約束もありますので自分なりの工夫があってよいでしょう。しかし、書物の表題の邦訳だけあって、原語の文献データがないのは、読者に不親切です。もし、原文を手に入れたいと思ったときに、原語のデータがないと困るからです。

ここでは差し当り、欧文の注記には各種の略語が用いられており、それを知っておくことが欧文文献を読む場合に不可欠であること、欧文によって論文を書こうとする場合には当然この種の略語を駆使しなければならないこと、を指摘しておくにとどめます。次に、さきに挙げた略語も含め主な略語を一覧にして掲げておきます。なお、次の中の一、二の言葉は略語ではなくラテン語そのものですが、併せて掲げておきます。

a.a.O.　am angeführten Orte（ドイツ語の略語）　前掲書で、上述の箇所で

A.D.　Anno Domini　西暦紀元　大文字を用いますが、印刷の場合にはスモール・キャピタルといって小さいサイズの大文字を用います。A.D. 1997 のように年数

の前に位置します。

a.m.　ante meridiem　午前　必ず小文字を用います。午前十一時でしたら11 a.m.となり、十一時四十五分でしたら11. 45 a.m.もしくは11 : 45 a.m.となります。

anon.　anonymous　作者不明の

app.　appendix　附録

art.　article　論文、記事、条

Aufl.　Auflage(ドイツ語の略語)　版　英語のed.に当ります。

B.C.　Before Christ　西暦紀元前　A.D.と対になる語ですが、63 B.C.のように年数の後に置きます。A.D.もB.C.もスモール・キャピタルで用いられますが、a.d.とかb.c.のように小文字にすることはありません。なお、ADやBCのようにピリオドを付けないこともあります。

Bd.　Band(ドイツ語の略語)　巻、冊　複数はBde.となります。全三巻ならば3 Bde.第三巻ならばBd. IIIとなります。英語のvol., vols.フランス語のt., tom.に当ります。

bibliog.　bibliography　文献目録

©　Copyright　著作権　Cは必ず大文字で書きます。

c., ch., chap., chaps., chs.　chapter, chapters　章　第二章は chap. 2 となります。

ca.　circa　おおよそ、……の頃　日付について大体の数字を表わす場合 *ca.* 1500（一五〇〇年の頃）のように用います。*c.* だけが用いられることもあります。

cat.　catalogue　目録

cf.　confer　比較せよ、参照せよ　ドイツ語では vgl. を用います。文献名の前に出します。

col.　column　欄

comp.　compiled　編纂された

compiler　編纂者

d.　died　故　故人となった人に附します。ラテン語では ob. ドイツ語では gest. フランス語・スペイン語では m. を用います。

diss.　dissertation　博士論文

do.　ditto　同上、同前

ed., eds.　これは editor(s)「編集者」の場合もあり、edition(s)「版」の場合もあり、edited(by)「によって編集された」という意味にもなります。

ed. cit.　editio citata　前に引用した版

e.g.	exempli gratia	たとえば
enl.	enlarged	増補された　rev. and enl. ed. は「改訂増補版」の意味です。
et al.	et alii	及びその他
etc.	et cetera	その他
ex.	example	例
f.	following	およびその次頁　複数は ff.
fac., facsim.	facsimile	複製版
fasc.	fascicle	分冊
fig.	figure	図　fig. 3 のように用います。
fn.	footnote	脚注
front.	frontispiece	口絵
Hrsg.	Herausgeber(ドイツ語の略語)	出版人、編集人
ib., ibid.	ibidem	同じ場所に、同書に
id.	idem	同上の、同著者の
i.e.	id est	すなわち、言い換えれば
illus.	illustrated	図入りの、図解による

inf.　infra　以下に

introd.　introduction　序論、緒論

Kap.　Kapitel(ドイツ語の略語)　章

l.　line　行　複数の場合はll.となります。詩の行の場合はv(verse)(複数はvs)を用います。

l.c., loc. cit.　loco citato　上述の箇所で

MS., MSS.　manuscript(s)　写本、草稿

n.　note(s)　注、注釈　複数はnn.

n.d.　no date　刊行日付なし　ドイツ語ではo.J. フランス語ではs.d. スペイン語ではs.f.を用います。

no., No.　number　番号

n.p.　no place　刊行地が記載されていない　ドイツ語ではo.O. フランス語・スペイン語ではs.l.を用います。

n.pag.　no pagination　頁数なし

N.S.　New Series, New Style　新しいシリーズ、または新しいスタイル　NSと書かれることもあります。これに対してO.S.(OS)は「古いシリーズ」、「古いスタ

イル」(Old Series, Old Style)を指します。

o.p.　out of print　絶版

op. cit.　opere citato　前掲書中に

p.　page　頁　複数は pp. となります。

par., pars.　paragraph(s)　節

pl.　「図版」(plate)の場合と「複数」(plural)とがあります。

p.m.　post meridiem　午後　必ず小文字にします。午後八時は 8 p.m. となります。

pref.　preface　序文、まえがき

pseud.　pseudonym　変名、偽名

P.T.O.　please turn over　裏面を参照されたい

q.v.　quod vide　参照

rev.　revised, revision　改訂された、改訂　rev. には review の略として「書評」の意味もありますが、書評の場合には、改訂の意味と誤解されることを防ぐために review と書く方がよいとされています。

rpt.　reprint, reprinted　重版、再版

S.　Seite(ドイツ語の略語)　頁

sc.　scene　劇の場

sec., sect.　section　項

seq., seqq.　sequentes　以下

ser.　series　シリーズ

sic　原文のまま　日本語で論文を書く場合の「ママ」に当ります。(これは略語ではないので、ピリオドをつけません)

st.　stanza　詩の節、連

t., tom.　tome, tomo(フランス語・スペイン語の略語)　巻、冊

tr., trans.　translation　翻訳
　translator　翻訳者
　translated　翻訳された

TS.　typescript　タイプライターで打たれた原稿

v., vid.　vide　を見よ　*v.* p. 123 のように用います。

v., vs.　versus　……対、……に対する

v.d.　various dates　日付不同

vgl.　vergleichen(ドイツ語の略語)　比較せよ、参照せよ

viz.　videlicet　すなわち

vol., vols.　volume(s)　巻、冊　全三巻という場合には3 vols.とし、第三巻という場合にはVol. IIIと大文字を用い、また巻数をローマ数字で書きます(アラビア数字を使ってもよい)。

4　オンライン情報の表記

文献の表記でとくに問題となるのは、オンライン情報です。近年、情報革命によって、インターネットやCD－ROMなどのメディアを使ってパソコンで閲覧できる資料の量が爆発的に増加しています。それらの資料の中には、CD－ROM版の百科事典や辞書、オンラインの書籍・雑誌・新聞、政府や各種団体や個人の運営するインターネットのサイトや有料データベース、電子メール、文字情報や画像情報や音声情報などが含まれます。これらの電子出版物のうち、通信回線を用いてダウンロードする(データを自分の端末に転送する)ものをオンライン情報と呼びます。オンライン情報は、書籍や雑誌などの紙媒体とは入手・閲覧の方法が大きく異なるので、表記の方法にとくに注意しなければなりません。この分野については、表記の方法がまだ学界でも十分に確立されているとはいえませんが、現時点でいくつかの広範な了解事項があるので、とりあえずそれを踏まえておく必要があります。

第一に、資料の所在として、URL(Uniform Resource Locator)またはデータベース名を明記することです。URLとは、オンライン情報またはインターネット・リソースの所在を示す住所(アドレス)のことで、通常はhttp://で始まる文字列を指します。通常のサイトであれば、URLを表記して接続先を指定すれば、論文の読者もそれを手がかりに資料にアクセスすることができます。URLの中にはかなり長いものがありますが、正確に写し取らないと後でたどりつくことができないので、ワープロソフトに一字一字入力するのではなく、ブラウザのアドレス欄からコピー・アンド・ペーストして閲覧記録を保存しておくのが無難です。ただし、サイト内検索の結果として発見できるページのURLが非常に長くなるような場合は、当該のページよりもサイト内検索ページのURLを表記した方が読者にとっては便利かもしれません。有料データベースの場合のように、URLの表記によって接続先のページを指定できない場合は、サイト名(データベース名)および必要に応じて販売者名を明記します。

外務省編『外交青書』平成一六年版『外務省ホームページ』二〇〇四年九月二二日〈http://www.mofa.go.jp/mofaj/gaiko/bluebook/2004/index.html〉.

第二に、右の例にあるとおり、URLは、記号を使用する場合は〈　〉(山括弧)でくくるのが慣例です。〈　〉内のURLの表記が複数行にまたがるときは、スラッシュ記号(/)かピリオドの位置で改行します。もし英単語が二行にまたがる場合のようにハイフン(-)をつけて改行すると、

URLの中にハイフンが含まれているのか、改行の合図なのか判別できなくなるので、どのような場合でも〈 〉以外の記号を勝手に書き加えることは避けるべきです。

第三に、その資料にアクセスした最後の日付を記すことです。インターネットの資料は、URLが固定されている場合もありますが、同じ資料のURLが変ったり、場合によっては消滅したりすることもあります。また為替レートや日々更新される統計情報のように、内容が刻々と変化するページもあります。そのようないくつかの理由によって、URLとともにアクセスの日付を表記することが慣例とされているのです。

第四に、通常の文献表記法に準拠して、著者名、記事の標題、サイト名(データベース名)、出版年月日など、紙媒体での出版情報に相当する部分を記したうえで、最後にアクセスの日付とURLを記すことです。

イマニュエル・ウォーラーステイン、清水眞理子・吉田徹訳「『第三世界とは何もの』であったか」(『ル・モンド・ディプロマティーク』日本語・電子版、二〇〇〇年八月号)二〇〇四年九月二二日〈http://www.diplo.jp/articles00/0008-3.html〉.

Thomas L. Friedman, "Who's Crazy Here?" *The New York Times on the Web* (15 May 2001), 22 September 2004 〈http://www.nytimes.com/2001/05/15/opinion/15FRIE.html〉.

右の例は、アクセス情報についてもっともシンプルなルールを採用しているMLA(米国現代語学文学協会）スタイル[1]に準拠したものです。ＭＬＡスタイルは「アクセス日〈URL〉」という形を基本ルールとしています。その他、ＡＰＡ（アメリカ心理学会）スタイル[2]では「Retrieved アクセス日 from URL」、シカゴ・マニュアルのスタイル[3]では「URL（acceced アクセス日）」が基本ルールです。以上の三つのスタイルは国際的な標準といえるものですが、日本の大学や学会でも独自のマニュアル（執筆要項）を作成していることがあるので、論文を投稿する際には、投稿先のマニュアルにあわせる必要があることはいうまでもありません。

（1）ジョセフ・ジバルディ『ＭＬＡ英語論文の手引』第五版、原田譲治・原田敬一訳（北星堂書店、二〇〇二年）。
（2）ＡＰＡ（アメリカ心理学会）『ＡＰＡ論文作成マニュアル』江藤裕之・前田樹海・田中建彦訳（医学書院、二〇〇四年）。
（3）*The Chicago Manual of Style*, 15th ed.（Chicago, 2003）.

第六章　原稿の作成

1　原稿の体裁

骨組と肉付けによって人体としての体裁がととのったとしてもそれだけではまだ不十分です。論文は裸のマネキン人形としてではなくて、衣裳を着せて提出されます。言い換えると、パソコンで作成され、プリンタによって紙に印刷された文字として、しかもその紙を綴じたものとして提出されなければなりません。論文が大学や学会に提出されるためには、原稿という形をとらなければなりません。論文としての体裁に次いで原稿としての体裁が要求されるのです。

原稿とはもともと印刷に附するものの下書きのことです。論文は、かつては原稿用紙に手で清書したものを綴じて提出するのが普通でした。しかし、今日では、原稿はパソコンで作成するのが一般的です。パソコンによる文書作成の基本技術は、すべての大学生が身につけるべきスキル（技術）と見られており、「情報リテラシー（読み書き能力）」の授業科目を一年次の必修としている大学も少なくありません。また、出版社の編集作業でもパソコンが用いられているので、出版社の側もパソコンで作成した原稿を望んでいるのです。パソコンで作成した原稿は、電子データとしてパソコンのハードディスクなどに保存されているものをデジタル原稿と呼び、プリンタで紙に印刷したものをハードコピーと呼びます。大学の卒業論文などでは、ハードコピーの提出が求められることが多いようですが、学会や出版社の中には、デジタル原稿とハードコピーの両方の提出を求めるところが増えているようです。デジタル原稿については、ハードディスクがウイルスの被害にあうなどの不測の事態に備えて、必ずＣＤ－Ｒやフロッピーディスクなどのメディアに、こまめにバックアップをとるようにしたいものです。

さて、これから論文を執筆するならば、まず縦書きにするか横書きにするかを決めてかからなければなりません。

最近のわが国では左からの横書きという慣習がかなり確立しています。官公庁や民間会社の実務文書はほとんど左横書きとなっています。しかし、新聞・雑誌・書籍は多くの場合右からの縦書きとなっています。このどちらがいいかをここで論ずることはできませんし、数字・数式・欧文が多く交じる分野の論文は横書きが便利であるという程度のことしかいえません。自然科学系の論文は横書きが圧倒的に多く、社会科学系・人文科学系では縦書きが優勢というのが実情でしょう。特別の指示のある場合を除いて、自分の専門分野での学術雑誌などを何種類か当って、縦書き・横書きのどちらが多く用いられているかによって、自分はどちらを採るかを決めるのがよいでしょう。

縦書き・横書きのどちらを採るかによって表記法にも若干の違いが生じます。たとえば、横書きでは数を表わす場合にはアラビア数字（１２等）を用い、句読点はコンマ（，）とピリオド（．）を用います（公用文の場合は、コンマと句点〔。〕が使われています）。たとえば、

アドルフ・ヒトラー（Adolf Hitler）は1889年4月20日，ブラウナウ（Braunau）に生まれた．

しかし、漢数字が数を表わすのではない単語や熟語の一部である時や、固有名詞に用いられている時にはアラビア数字に変えてはいけません。たとえば、

一般的　五重の塔　四国の香川県

このような点について注意すれば、横書きについては、次に述べる縦書きについての注意事項を「上」を「左」あるいは「右」を「上」という具合に読み替えればよいのです。たとえば、縦書きの場合、文章の書き出し（改行の始め）は一字下げて始めますが、横書きではこれを一字空けてと理解すればよいのです。いずれにしても行の始めを一字空けることに変わりありません。また、ルビ（漢字に付ける振仮名）を付ける必要のある時は、縦書きの場合は大和《やまと》のように右に、横書きの場合は大和《やまと》のように上に付けるのです。縦書きの場合でも、欧文は「内戦 internal war」のように横書きにします。欧文の書名・人名なども横書きにします。縦書きの文の中に「二〇世紀」「二十世紀」を「20世紀」や「２０世紀」と書いてはいけません。新聞や雑誌などでは、20世紀

や100人、１００人と書く例も増えていますが、論文には不向きです。

プリンタ用紙のサイズは、Ａ４判（二一〇ミリ×二九七ミリ）とＢ５判（一八二ミリ×二五七ミリ）がよく使われてきました。最近では、ＯＡ化や国際化の進展とともにＡ４判を使用する機会が増えています。Ｂ５判は二頁分を見開きにしてＢ４判としたときに手頃な大きさであるという理由で好まれることもありますが、行政府や企業、裁判所の判決文に至るまで、実務文書ではＡ４判の縦置きが標準です。プリンタのインクには白黒印刷用とカラー印刷用がありますが、少なくとも文字の部分は白黒印刷で十分ですし、校正作業で使用するペンと同じ赤色などの使用は避けるべきです。

パソコンで作成する文書は、手書きの原稿よりも読みやすいという長所があります。ただし、パソコンで印字する場合でも、字数・行数の設定やフォント・文字サイズの選択によって読みやすさが違ってきます。一行の字数は三十ないし四十字程度、行間は少なくとも文字サイズの半分以上とり、上下左右の余白は二五ミリ以上、三〇ミリ程度が目安です。標準のフォントは明朝体で、欧文フォントはCenturyまたはTimes New Romanが多く使われています。文字サイズは10・5ポイントが標準で、変更する場合でも10ポイント（約三・五ミリ角）から12ポイント（約四・二ミリ角）の間に収めると読みやすいようです。章・節などの見出し語は、前後の行、少なくとも前の行に余白をとり、文字サイズをやや大きめにするか、フォントをゴシック体に変更すると、文章部分との違いがわかりやすく、論文の構成が一目瞭然となります。

また、さきに述べた章・節などは大きい段落ですが、読みやすくするためにさらに小さい段落を設ける必要があります。視覚的には四百字ごとぐらいに段落をつけ、行を改めるのが読みやすいようです。もとより、これは論述の内容によるものですから、三百字ぐらいで改行してもよく、五百字で改行してもよいのですが、改行なしでベッタリ書いた原稿は非常に読みにくいものです。改行した場合は、初めに一字下げてから書き出します。章が改まる場合は、前の用紙に余白があってもすぐに書き続けずに、用紙そのものを改める（改丁）方がよく、節を改める場合には改丁をしなくても二、三行空けてから書くのがよいでしょう。

句読点や括弧類（「　」『　』等）及び記号類（＝＊等）は一字として数え、原稿用紙の場合には、一つの枡目に入れて書きます。また、句読点や括弧の閉じる方（」』）や繰返し記号（々ゝ〱）は行の冒頭にこないように書くのが一般的です。行の始めにこれらの符号が位置するような場合は、前行の最後の枡目に入れてしまいます。「ワード（Word）」や「一太郎」などのワープロソフトでは、初期設定でそれらの記号が「行頭禁則文字」に指定されており、自動的にそのような処理が行われるようになっています。

論文に図や表あるいは写真を入れることが必要になる場合もあります。とくに自然科学系の論文にはこれが重要な役割を演じます。文章で説明するとあまりにも冗漫になって、くどい感じを与える数値や、図解によって視覚的イメージに訴えた方がわかりやすい部分などは、表や図にして示すのです。グラフ・地図・系統図などはしばしば用いられます。本来、文字で組むことができるものを「表」と呼び、原図を写真版や図版にして印刷するものを「図」と呼んでいます。しかし、実際には表と図は混同されたり、一括して図表と呼ばれたりすることが多いようです。ひとまず、数表のようなものは「表 table」であり、系統図や化学式などは字の部分が多くても「図 figure」と呼ぶと理解しておいてよいでしょう。

　表・図ともに番号（あるいは符号）と見出しをつけます。この場合、表の見出しは表の上に位置し、図の見出しは図の下に来ます（A図）。このように表や図を掲げた場合、本文中の文章は、「A図のように」とか「第1表に示したように」といった具合に、表・図の番号（あるいはAB、アイウエオなどの符号）で指示します。「上図のように」とか、「左の表のように」と書いても、原稿が印刷された場合に、その表・図が頁の上や左に位置するかどうかわからないからです。

　表・図は原稿の一部を枠で囲んでそのまま書いてもよく、あるいは別のファイルに作成・保存したものを印刷して貼りつけてもよいでしょう。パソコンで作成した原稿では、本文とは別に印刷して、本文の関連箇所に近い所に挿入しておく方法もとられています。本文と同じ用紙に表・図を入れる場合には、縦書きでは原稿の左側の上方に、横書きでは原稿の右側の下方に、表・図を置くのが読みやすいようです。表・図が大き過ぎる場合には一枚の原稿を当てるなり、折り畳

第 43 表　失業手当制度の資金調達　（歴年　百万マルク）

	1924	1925	1926	1927
労働者，資本家拠出金	222.4	165.0	523.6	499.9
地方市町村負担分	34.1	36.2	148.4	
帝国財政援助	74.6	0.2	258.3	222.6
州財政援助	74.6	0.2	243.0	
その他	6.7	7.7	6.5	3.0
計	412.4	209.3	1179.8	725.5

資料．Egger, A., *Die Belastung der deutschen Wirtschaft durch die Sozialversicherung*, S. 250.

注．失業手当，短縮労働手当(Kurzarbeiter Unterstützung)をふくむ．

短縮労働手当は，1924 年 2 月の失業手当法により法律的には廃止されたが，失業手当資金が地方市町村の生活保護手当の形で短縮労働にたいして保護手当を与えた．1926 年 2 月短縮労働手当が復活された．

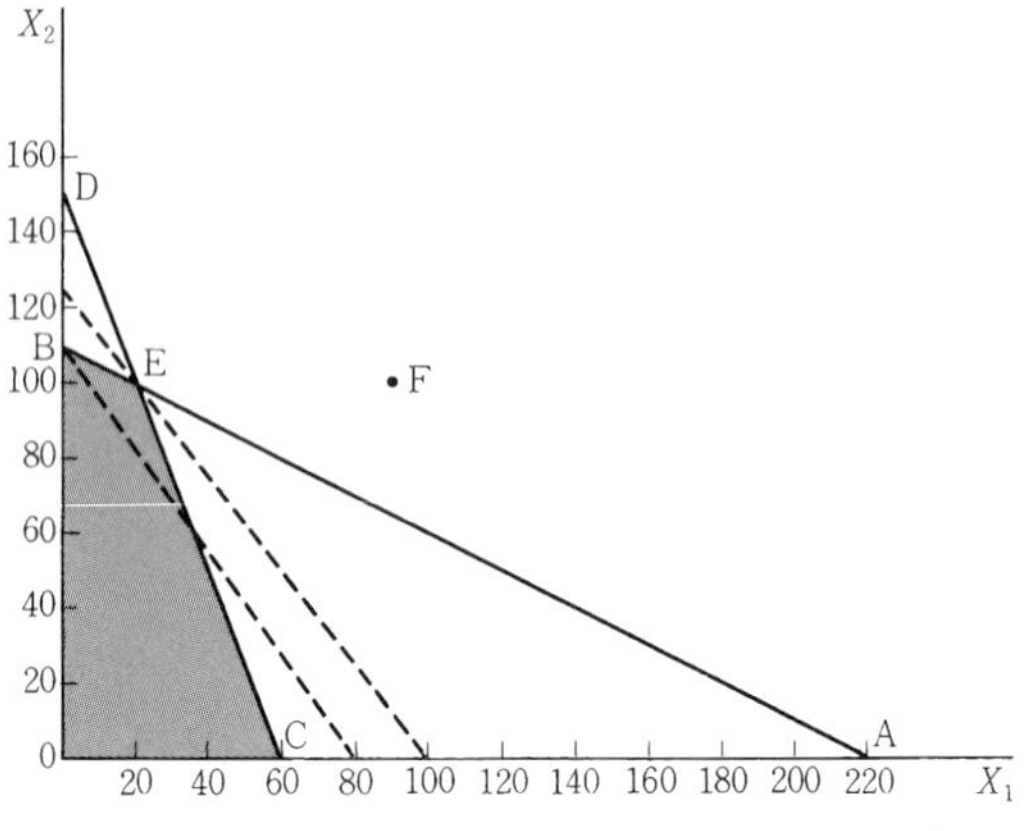

第 1 図　2 種の生産物産出の最適計画決定の図形的方法

A 図

んでおくなりします。あるいは表・図が多い場合、一括して附録として論文の後に持ってくることもできます。

統計などを表・図にする場合には、その数値の出所を明記することが必要です。また、単位を必ず明示しなければなりません。表・図について説明することが必要でしたら、表・図の下方に注として説明を加えておきます。

表・図は横書きにすることが多いので、そこに用いられる数字はアラビア数字が一般的です。写真も表・図と同様な扱い方で処理することができます。

表・図がかなり多い場合には、目次に表・図の一覧（図版目次・表目次、もしくは図表目次）を記入しておくことも読者にとっては便利です。

このようにして、原稿は次第に完成に近づいて行きます。こうして出来上った論文には、まずページ数（ノンブル）をつけて印刷・確認した上で、目次の章節及びその見出しの下方に、どのページから始まっているかを書き入れます。

書き上った原稿に訂正が必要になることがあります。ワープロソフトには、文章校正チェックや検索・置換などの便利な機能があるので、そのような機能を上手に使いながら誤字・脱字を防ぎ、表記の統一を図ります。かつては、原稿用紙の余白に書き込んだり、紙を貼って直すようなことがよく行われていましたが、提出用の原稿の訂正は、デジタル原稿を入力し直し、ハードコピーを印刷(プリントアウト)し直した方が、見た眼に綺麗ですし、間違いがなくてよいでしょう。プリントアウトした原稿を読み返してみると、パソコンの画面(モニター)で見ていたデジタル原稿とは印象が異なったり、それまで見落としていたミスに気づくことが多くあります。それゆえ、原稿を一度プリントアウトしたら完成という態度ではなく、そこから校正を繰り返すという姿勢が望まれるのです。

このようにしてまとめられた論文を綴じ合わせて表紙をつけるなり、製本所に出して製本してもらうなりすることによって、物質としての論文、すなわち原稿としての体裁がととのえられるのです。

2 欧文の原稿

なお論文を欧文で書くことが、外国語・外国文学の分野、自然科学の分野ではかなり多くなっているようです。欧文の場合でも論文の構成・体裁というところまでは、日本語論文作成の場合と原則は変りません。しかし、欧文で書くという点で基礎的な語学力が第一に必要であることはいうまでもありません。各国語によって用語や表記の仕方にかなりの相違がありますから、自分の専門分野の外国語文献を模範として学ぶことが出発点となります。外国語で論文を書くことは読者に外国人を予想しているのですから、外国人に通用しない文章では意味がありません。その外国語を母国語とする外国人の助言を得ることが望ましいのですが、そのような便宜が得られない場合は、語学について信頼できる先輩の指導を仰ぐべきでしょう。外国語の文章作成法については専門書[1]に譲り、ここではタイプライティングの際の最小限の注意だけ述べることにします。いわば、原稿の体裁のタイプライター版です。

欧文の論文は原稿用紙ではなくタイプ用紙にタイプライターで打つのですが、これについても外国の大学や学会ではそれぞれのルールを決めていますので、一般的な形式を紹介するにとどめます。

タイプ用紙は市販されているものは規格が決まっていますので、A4判(二一〇ミリ×二九七ミリ)程度のもので十分です(国際規格判は八インチ半×一一インチ(二一六ミリ×二七九・四ミリ)です)。タイプライターにもさまざまありますが、印字が極端に大きかったり小さかったりする特殊なものを避けて12ポ(18級)または五号(15級)程度の印字(パイカあるいはエリートなどと呼ばれている)によって打てばよいのです。また字は必ずダブル・スペース(一行おき)(印字が小さい場合にはトリプル・スペースといって二行おき)で打つことが必要です。また、本文が紙面一ぱいに拡大しないで周辺に余白を残すように打つことにも配慮が要ります。

綴字の誤りがあってならないことはいうまでもなく、とくに日本人が犯しやすい誤りは、分綴法(syllabication)を知らずに、行末にきた単語を勝手に分けてハイフンをつけることです。そのような場合に面倒がらずに一つ一つの単語について辞書を引くことが絶対に必要です。タイプで打つ場合、行の始めすなわち左の端は揃いますが、右の端は字数の関係で不揃いになります。このような場合、単語が長ければ分綴法に従って切りハイフンをつければよいのですが、一語分程度が飛び出たりひっこんだりするような不揃いは見た眼に美しくありません。専門業者による印刷の場合には語と語との間のスペースの空き方を工夫して、行の終りが揃うように印刷するのですが、アマチュアがタイプライターを打つ場合にはそのように綺麗には揃いませんので、五字以上は右端に凹凸のないように注意して打つほかありません。

欧文を書く場合に、分綴法のほかに句読法・大文字の使い方・各種符号の使い方やイタリックの使い方などいろいろ気を付けなければならない点があります。これは、それぞれの語種によっても一様ではありませんので、各国語それぞれの約束に従うように勉強して下さい。たとえば、外国文学の雑誌などには投稿の際の論文の約束について決まりがでています。

（1） 差し当り英語については、鳥居次好・宇山直亮『英語論文とレポートの書き方』（英潮社、一九六七年）。ジョゼフ・ジバルディ『MLA英語論文の手引』第五版、原田譲治・原田敬一訳（北星堂書店、二〇〇二年）。

APA（アメリカ心理学会）『APA論文作成マニュアル』江藤裕之・前田樹海・田中建彦訳（医学書院、二〇〇四年）。

第七章　小論文の要領

1　小論文の特質

これまでこの書物で述べてきた学術論文の技法とは、大体において最小限四百字詰五十枚から百枚程度の分量を目安として説明してきたつもりです。哲学などの論文の場合には三十枚で十分ということもいわれますが、一般に、社会科学・人文科学の分野では、多少とも実証的な材料を扱って、問題を提示し、研究の手続と研究の結果を明示するという本格的論文の形式を備えようとすれば、どうしても五十枚程度の分量が必要となります。大学の卒業論文・修士論文・博士論文あるいは学術雑誌に発表される論文は、原則としては本格的な論文としての形式を具備しなければならないでしょう。

しかし、学問的研究がすべて必ずしもそのような本格的な論文として発表されるとは限りません。試みにどれかの学術雑誌を手にとって見るならば、体裁を整えた本格的論文のほかに、書評・学界動向あるいは研究ノート・資料紹介などという比較的に短い文章が掲載されていることに気付くでしょう。新しい業績に対して批評を加える書評、ある学問分野が研究対象や研究方法の上でどのような課題に取り組んでいるか、どのような特色なり傾向を示しているかを説明する学界動向、あるいは、研究途上の中間報告として、自分の着想なり、暫定的な結論なりを提示する研究ノート、新しい資料の発見をいち早く紹介しようとする資料紹介など、どれも重要な学問的活動であります。というよりも、本格的研究と呼ばれるものも、実は、このような各種の学問的活動に支えられて成り立っているのです。稀薄な内容に仰々しく体裁をつくろった長大な論文よりも、充実した内容を盛った短い文章の方が学問上遥かに有益であることはいうまでもありません。最近の大学には論文と称して研究の名に値しない内容空疎な、体裁だけの字面を並べたものが実に夥しく提出されております。卒業論文の卒業という字を軽率の率と勘違いしているのではないかと疑わせるような軽率な論文もあります。むしろ現行大学制度の卒業論文程度の初心者には、一冊の書物の書評でもよいから充実した内容を持つ短文を書くよう指導する方がよいと思われます。

　ところで、ここに挙げた書評・学界動向・研究ノート及び資料紹介などは小論文と呼んでよいでしょう。四百字詰原稿用紙四、五枚から長くて二十枚程度の分量が普通です。しかし、この程度の分量の小論文は、何も学術雑誌の書評等に限りません。総合雑誌などに載せられている時事評論の類も小論文と呼んでよいものが多く、あるいは(公表するためのものではありませんが)論述式と呼ばれている試験問題なども小論文と考えることができます。大学の入学試験や企業の入社試験に小論文が多く出される傾向にあります。これは○×式のテストでは測り難い受験者の主体性を見ようとする要求に基づいているのです。さらに各種の懸賞論文とか、事業や計画の趣意書・報告書などにも小論文的な書き方を要求されるものがあるようです。このように考えてみると、普通には小論文を書く機会の方が多いといってよいでしょう。

そこで、この程度の量の小論文を書くに当っての心得として、気付いた幾つかの点について述べてみましょう。

量の大きい大論文にせよ、短い文章にせよ、それが随想や文芸作品でなく、何らかの学術的価値を持とうとする限り、論述の論理的展開がもっとも重要であることはいうまでもありません。虚飾や誇張を避けた、内容の学術的価値について信頼度の高い文章を書くことを心掛けなければなりません。しかし、それにしても、分量の制限という条件の下で、小さいとはいっても論文の名に値する、説得力のある文章を書こうとするならば、それなりの工夫が必要です。

小説や評論の中には、饒舌体といって、日常会話のおしゃべりのように次から次へと思いついたことをまとまりなく書き進めて行くスタイルがあります。しかし、分量に制限のある論文ではそのような具合には行きません。限られた枠の中での構成を十分練った上で書き始めるべきです。それでも、実際に書いてみると、頭だけが不釣合に大きいものが出来たり、どこが頭か尻尾かわからない豆怪獣のような文章が生まれたりするものです。分量の枠が限られていればいるほど、全体を首尾一貫したものとして仕上げるためには多くの苦労を重ねなければなりません。

2　小論文の技術

テーマ

小論文のテーマは具体的な小さいものでなければなりません。既に第一章で述べたように、テーマは狭く、しかもその研究が奥深い問題に連なるようなものを選ぶべきです。大部の著書ででもなければ論述できないような大きいテーマは避けなければなりません。たとえば「日本文化の特質」とか「日本思想論」といった大きいテーマについて小さい枠の中で語ろうとすれば、先人の説の丸写ししか、根拠のない浮説を書き綴るほかないでしょう。しかし、たとえば、日本の文化や思想について古典的業績を遺した先人を取り上げるとすれば、考察の範囲はひとまず限定されます。その中でさらに、一例として本居宣長を取り上げればさらに範囲は限定されます。その上で、本居宣長の学問全体ではなく、本居宣長の「遺言書」[1]を取り上げるとすれば、範囲は著しく限定されることになります。しかも、この「遺言」はもとより彼の学問的業績そのものではなく一般にあまり知られていないものですから、トピックとして面白いものになります。考え方によっては、その人の遺言の方がその著書よりも真実の姿を現わすのかも知れません。

国学者本居宣長は、その遺言では自分の葬式について神道と仏式の併用を指示し、自分の葬式の次第について葬儀屋のように事細かに指示しているのです。加藤周一氏の短いエッセイ「大和心または宣長の「遺言」の事[2]」は、この「遺言」の意外に世俗的な性格に着目し、それが宣長の説く「大和心」とどのようにかかわるのかに言及したものです。もとより、この短文が宣長なり「大和心」なりの全容を解明しているわけではありませんが、このような一見小さいテーマを取り上げたことによって、この短文は日本思想の現世的な性格に触れた卓抜なエッセイとなっているのです。この加藤氏のエッセイはテーマを小さく、しかも明瞭にという要領を教える一例といえるでしょう。

書き出し

どのような文章でも書き出しは難しいものですが、とくに短い文章ほど書き出しに工夫が要るようです。これはいわば序論に当るものですが、この部分があまりに大上段に構えた重々しいものであったり、分量の上で大き過ぎたりすると、いわゆる頭でっかちになってしまいます。全体の構成を慎重に考えた上で、小さいテーマにふさわしく明快に書き始めるのがよいでしょうし、しかも読者を自分のテーマの小世界に引き込むような工夫が必要になります。

展開の仕方

書き出しに続く本論に当る部分は、内容の上でも書き出しを受けるものでなければなりませんし、文章の結びは論述の展開から必然的に導き出されるものでなければなりません。短いスペースの中で、あれこれ余計な論点に触れて論述の展開を混乱させてはなりません。悠々とした大河にも似た長大な論文であれば、幾つかの支流があっても本流がそれを併せながら読者を河口に導いて行くでしょう。しかし、小川のような小論文に幾つかの細流が乱れていては、読者には話の筋がわからなくなってしまいます。話の筋を一本に絞ることが第一に重要な点です。

次にその筋の上に置かれる事実や論点は順序よく配列されていなければなりません。順序という場合、時間上の順序ということもあるでしょうし、論理的な順序ということもあるでしょう。いずれにせよ、話が飛躍していきなり先の方の事柄に及び、またもとへ戻ってくるというようでは読者を戸惑いさせるだけです。自分の取り上げたテーマの性格に従って、どのような順序で展開するのがふさわしいかを考えることが大切です。

結　び

小論文の場合にとくに重要なことは、結論を簡潔・明瞭に書くことです。書き出しにしても展開にしても、結局は結論を導き出すための前提なのですから、結論がはっきりしないのでは論文がいわば死んでしまいます。しかも、結論と書き出しや展開との連関が明確でなければなりません。論述の展開と無関係な結論がいきなり最後に飛び出してくるようでは、論文が支離滅裂になります。

限られたスペースで文章を書こうとすると、結論に至らないうちにスペースが尽きてしまうことが多いものです。これは論述式の試験答案の場合の「時間切れ」としてよく見られる現象です。このような危険を防ぐためには、むしろ結論を書き出しに持って行き、後の論述をその論証に当てるという方法をとるのも能率的かも知れません。裁判の判決文は初めに簡潔な「主文」があり、続いて「判決理由」として主文の判決に至った理由を長々と述べていますが、この流儀を真似て、初めに結論を明示し、その結論が導き出された理由を次に展開するのです。しかし、このような方法はともすれば無味乾燥な記述に陥りやすいことに注意しておく必要がありましょう。

引用と注

小論文の中に長い引用文は不必要です。もっとも、資料紹介という意味で長い原文を引用するための文章ならば、長い引用もやむを得ないでしょう。しかし、一般には地の文との割合であまりに長い引用は論述の流れを悪くし、全体に冗漫な印象を与えます。引用文の文体と執筆者の地の文の文体とではどうしても異なりますから、そこに読む側は何かひっかかるものを感ずるのです。引用は必要最小限にとどめ、論旨が生きるような適切な部分だけを引用することを心掛けなければなりません。あるいは、引用すべき文の要旨を自分の文体にまとめて地の文の中に織り込むような引用の仕方を採る方が読む側の抵抗感は少なくなります。もとより、そのような場合、自分の説と引用された説とを区別するために出典を明示する必要があることはいうまでもありません。

小論文に大量の注を付けると、どちらが本文でどちらが注かわからなくなってしまい、全体のバランスを失したものになります。引用の仕方と同様に必要な限りの最小限にとどめることが大切です。とくに、必ずしも典拠の厳密さを要求されない種類の引用の場合などは、たとえば、「ヘーゲルがその『歴史哲学』で述べたように」といった仕方でヘーゲルの言説を引けばよいのです。岩波文庫の何頁という注は必要ありません。限られたスペースの中でいちいち出典を注記することはかえって衒学的な印象を与えます。

小論文といっても、このようにかなり技術的な工夫が必要です。というより、小論文であればこそ、工夫を凝らすことが大切になるのです。といって、初めから細かいところを気にしているとなかなか進まないものです。そこで、まず一気に書き上げてみることが先決です。自分の言いたいことをまず考えるままに通してみる、それから手直しをする、という方法が能率的であると思います。

（1）『本居宣長全集』第二十巻（筑摩書房、一九七五年）二二五―二三四頁。
（2）加藤周一『言葉と人間』（朝日新聞社、一九七七年）三三―三五頁。

結　び

論文を書くという作業は精神の集中力と持続力とを必要とするものです。読書や聴講の場合には、私たちはいわば受身の姿勢で相手が説く所を読み、聞いているのですが、自分がものを書くためには能動的な姿勢でなければなりません。能動的な姿勢をとって始めてこの書物で説明した論文の約束事が生きてくるのです。

学術論文の生命はあくまでも研究そのものです。十分な研究のない所に論文の約束事だけを守っても良い論文が書けるはずはありません。ここでは大体において人文科学・社会科学の各分野に共通する主なルールを説明しましたが、そのルールとは、結局は研究の学術性に奉仕する手段に過ぎません。それぞれの専門領域にはそれぞれの課題があり、独特の方法があり、自分の専門領域での自分の研究活動に徹してこそ良い成果が生まれるのです。学術論文に美文やマンネリズム的表現が排斥されるのも、それが積極的な研究姿勢を生み出さず、内容の貧弱さを隠蔽するために用いられることが多いからです。ここに説明したルールを越えて、新しい論文のスタイルを創意工夫することが、研究者の新しい課題であるといってよいかも知れません。

情報革命によって研究の効率は高まりました。しかし、自分の研究活動に徹することは情熱によって支えられるものです。データの管理（カードやノートの整理）は下手だが、立派な業績を上げている学者は珍しくありません。反対に、カードなどのデータは立派に整理されたが、一向に論文としてまとまらない人も少なくありません。

「限られた時間内での勉強というものは、一面、確かに抜け目ない事務を要求するが、他面、事務と相容れぬ狂気に似たものを要求する。前者はカード・システムとよく調和するけれども、後者はこれと正面から対立する」(1)と清水幾太郎氏は述べておられます。かつて、データの管理にカードがよく使われていたときの指摘ですが、パソコンが普及した現在でも本質は同じことでしょう。たしかに勉強には持続する情熱が根本的なものです。あるテーマについて調べぬき、考えぬこうとすると、データを整理したりする仕事がわずらわしいものに感じられるのです。収集したさまざまの資料を一つの論文として凝縮するためには何かものにつかれたような、一気にやり通す力がなければならないのです。

図書館などに足繁く通ってコツコツ調べる努力と、問題を考えぬく情熱が、何よりも論文を書く基本的なエネルギーであります。カードやパソコンはデータを確実に保存するための手段であります。カードやノートを手にして（あるいはパソコンを立ち上げて）ある文献を読んでみたが、さてその文献のどの部分をノートにとったらよいかわからないということはよくあることです。物理的な面でデータの整理の仕方を気にするよりも、まずその文献を読み通すことの方が大切です。同じ文献を二度も三度も読み直すうちに何かヒントのようなものが得られるかも知れません。ノートをとるのはそれからでも遅くはないのです。

論文を書くための条件は人によって多種多様であるでしょう。手許にいつも資料を置いておくことのできる恵まれた人もいるでしょうし、図書館の貸出期限に追いつめられている人もいるでしょう。確かに最近ではコピー技術の発達によって、手書きの筆写による誤りは避けられるとはいっても、コピー代だけでも馬鹿にはなりません。自分にとって都合のよい条件を生かし、自分なりの勉強法を案出することが肝腎です。パソコン等は使うものであって、パソコンに私たちが使われてはなりません。物事を考えるのは私たちであってパソコンではないのです。

文章についても、平常、文章の訓練を重ねるうちに、自分なりのスタイルというものが生まれてくるでしょう。すぐれた先学の文章に学ぶことも一つの便法ですが、しかし自分なりの文章が生まれてくると、先学の真似から自ずから脱皮するようになります。結局のところ、論文をどのように作り上げるかは、自分の創意と工夫にかかってきます。そして、創意と工夫こそは、本来、学問の精神なのです。

(1) 清水幾太郎「主観主義的読書法」大内兵衛・茅誠司他『私の読書法』(岩波新書)、(岩波書店、一九六〇年)所収、七頁。

〔参考文献〕

富田軍二『科学論文のまとめ方と書き方』(朝倉書店、一九五三年)
清水幾太郎『論文の書き方』(岩波新書)(岩波書店、一九五九年)
『論文の書き方——国語・国文科学生のために』(至文堂、一九五九年)
野町一『卒業論文のテーマと書き方』(研究社、一九六四年)
森岡健二『文章構成法——文章の診断と治療』(至文堂、一九六六年)
鳥居次好・宇山直亮『英語論文とレポートの書き方』(英潮社、一九六七年)
図書新聞編『洋書入門』(図書新聞社、一九六九年)
梅棹忠夫『知的生産の技術』(岩波新書)(岩波書店、一九六九年)
田中義麿・田中潔『科学論文の書き方』(裳華房、一九六九年)
佃實夫『文献探索学入門』(思想の科学社、一九六九年)
八杉竜一『論文・レポートの書き方』(明治書院、一九七一年)
紀田順一郎『読書の整理学』(竹内書店、一九七一年)
平井昌夫『新版・文章を書く技術』(社会思想社、一九七二年)
寺本力『地方公共団体の公用文の作成要領』(学陽書房、一九七二年)
板坂元『考える技術・書く技術』(現代新書)(講談社、一九七三年)
自治大臣官房文書広報課編『新しい国語表記による公用文作成の手引』(第一法規、一九七三年)
日本エディタースクール編『標準校正必携』第三版(日本エディタースクール出版部、一九七三年)

大隈秀夫『文章の実習』（日本エディタースクール出版部、一九七五年）
入江徳郎『作文の技術』（実業之日本社、一九七七年）
澤田昭夫『論文の書き方』（講談社学術文庫）（講談社、一九七七年）
杉原四郎・井上忠司・榎本隆司『研究レポートのすすめ――卒論・ゼミ論のまとめ方』（有斐閣新書）（有斐閣、一九七九年）
保坂弘司『レポート・小論文・卒論の書き方』（講談社学術文庫）（講談社、一九七八年）
木下是雄『理科系の作文技術』（中公新書）（中央公論社、一九八一年）
澤田昭夫『論文のレトリック』（講談社学術文庫）（講談社、一九八三年）
大隈秀夫『入門　短い文章の書き方』（実務教育出版、一九八四年）
中村健一『論文執筆ルールブック』（日本エディタースクール出版部、一九八八年）
斉藤孝・佐野眞・甲斐静子『文献を探すための本』（日本エディタースクール出版部、一九八九年）
武部良明『なるほど現代表記法』（日本評論社、一九九一年）
ウンベルト・エコ『論文作法――調査・研究・執筆の技術と手順』谷口勇訳（而立書房、一九九一年）
辰濃和男『文章の書き方』（岩波新書）（岩波書店、一九九四年）
小林康夫・船曳建夫編『知の技法』（東京大学出版会、一九九四年）
小林弘忠『マスコミ小論文作法』（三一新書）（三一書房、一九九五年）
尾川正二『文章のかたちとこころ』（ちくま学芸文庫）（筑摩書房、一九九五年）
Publication Manual of the American Psychological Association (Washington, American Psychological Association Inc., 1957)

Gray, Wood & Others, *Historian's Handbook, a Key to the Study and Writing*, 2nd ed. (Boston, 1964)
Roth, Audrey J., *The Research Paper, Form and Content* (Belmont, Calif., 1966)
Dubler, Walter & Eve Zarin, *Writing College English, an Analytic Method* (New York, 1967)

〔新訂版追補〕

ジョゼフ・ジバルディ『ＭＬＡ英語論文の手引』第五版、原田譲治・原田敬一訳（北星堂書店、二〇〇二年）
河野哲也『レポート・論文の書き方入門』第三版（慶応義塾大学出版会、二〇〇二年）
新堀聡『評価される博士・修士卒業論文の書き方・考え方』（同文舘出版、二〇〇二年）
慶応義塾大学日吉メディアセンター編『情報リテラシー入門』（慶応義塾大学出版会、二〇〇二年）
日本エディタースクール編『パソコンで書く原稿の基礎知識』（日本エディタースクール出版部、二〇〇三年）
桜井雅夫『レポート・論文の書き方　上級』改訂版（慶応義塾大学出版会、二〇〇三年）
ＡＰＡ（アメリカ心理学会）『ＡＰＡ論文作成マニュアル』江藤裕之・前田樹海・田中建彦訳（医学書院、二〇〇四年）
杉田米行編『インターネットの効率的学術利用——情報収集・整理・活用』（成文社、二〇〇四年）
吉田健正『大学生と大学院生のためのレポート・論文の書き方　第二版』（ナカニシヤ出版、二〇〇四年）
西岡達裕『オンライン情報の学術利用——文献探索入門』（日本エディタースクール出版部、二〇〇八年）
Publication Manual of the American Psychological Association, 5th ed. (Washington, D.C., 2001)
Gibaldi, Joseph, *MLA Handbook for Writers of Research Papers*, 6th ed. (New York, 2003)
The Chicago Manual of Style, 15th ed. (Chicago, 2003)

附録

文献をさがすためのオンライン情報

甲斐静子編

図書を探す

出版、販売された図書情報

①日本書籍総目録データベース「Books. or. jp」〈http://www.books.or.jp/〉
国内で発行された入手可能な書籍(Books in Print)約八八万点を検索できる。

②図書館流通センター(TRC)の運営するオンラインショップ「bk1」〈http://www.bk1.jp/〉
TRCが運営するビーケーワンでは、これまでに出版された書籍約二七〇万冊が検索できる。

③出版物取次トーハンの「全国書店ネットワークe-hon」〈http://www.e-hon.ne.jp/〉
一九七五年以降の取扱い書籍約二二〇万点、在庫点数五八万点のデータから書籍を検索できる。

④出版物取次日販(日本出版販売株式会社)の「本やタウン」〈http://www.honya-town.co.jp/〉
一五〇万点以上の書誌データを検索できる。

⑤紀伊國屋書店「KINOKUNIYA Book Web」〈http://bookweb.kinokuniya.co.jp/〉
和書・洋書七〇〇万件以上の書籍出版情報を検索できる。

⑥アマゾン「Amazon」〈http://www.amazon.co.jp/〉
新刊書で和書五〇万、洋書四〇万以上の図書を検索できる。

⑦国立国会図書館の「日本全国書誌」〈http:/www.ndl.go.jp/jp/publication/jnbwl/jnb_top.html〉
国立国会図書館が収集整理した出版物の速報(週刊)を検索できる。

⑧「日本の古本屋」〈http://www.kosho.or.jp/〉
全国古書籍商組合連合会が提供し、古書店リストや参加店の古書目録が検索できる。

⑨「BOOK TOWN じんぼう」〈http://jimbou.info/〉
神田神保町の古書店五二店の三七万余冊を一括検索できる。

⑩「スーパー源氏」〈http://sgenji.jp/〉
二五〇万件が登録されている目録はすべて在庫のあるデータ。

図書館や類似機関で所蔵されている図書情報

①国立国会図書館の「NDL-OPAC」〈http://www.ndl.go.jp〉
国立国会図書館で所蔵している和書（一八六八年以降約三六六万冊）、洋書（一九八六年以降約一一三万冊）のデータと雑誌、新聞、電子資料など図書以外の目録・索引、和古書目録、漢籍目録等を検索できる。

②国立情報学研究所の総合目録データベース「NACSIS-Webcat」〈http://webcat.nii.ac.jp/webcat.html〉あるいは「Webcat Plus」〈http://webcatplus.nii.ac.jp/〉
全国の大学図書館やその他の機関の所蔵する図書・雑誌の総合目録データベース。既に絶版となって一般には流通していないもの、貴重な古文書などについても収録されている。

③東京都立図書館〈http://www.library.metro.tokyo.jp/〉
東京都立図書館の図書・雑誌の所蔵検索ができる。都内公共図書館の蔵書の横断検索もできる。

④農林水産研究情報センターのリンク集「Jump to Library !」〈http://ss.cc.affrc.go.jp/ric/opac/opac.html〉
日本全国の図書館の蔵書目録OPACを検索できる。

⑤図書館と本の情報サイト「Jcross」の「図書館の本の横断検索」〈http://dream.jcross.com/〉
大学図書館や公共図書館等の複数の図書館に対して一度に検索できる。

特定のテーマに関する図書情報

①電子政府の総合窓口「e-Gov」〈http://www.e-gov.go.jp/〉
各省庁がホームページで提供している行政情報と法令を検索できる。

②全国官報販売協同組合の「政府刊行物／官報／官報公告」〈http://www.gov-book.or.jp/〉
政府刊行物関連書籍や官報、官報公告の情報を検索できる。官報の目次検索もできる。

③ACDEMIC RESOURCE GUIDE の「リンク集・専門図書館」〈http://www.ne.jp/asahi/coffee/house/ARG/library.html〉
国内の専門図書館の図書・雑誌を検索できる。

④「NIRA 総合研究開発機構」〈http://www.nira.or.jp/〉
シンクタンクや大学研究室のリンク集で研究成果等を検索できる。

⑤児童書総合目録〈http://www.kodomo.go.jp/resource/〉
国立国会図書館国際子ども図書館および児童書所蔵の七機関の児童書を検索できる。

⑥国文学研究資料館の「日本古典籍総合目録」〈http://www.nijl.ac.jp/pages/database/〉
書誌・書目データベースで「国書総目録」と「古典籍総合目録」を検索できる。

⑦国立国会図書館の「博士論文」〈http://opac.ndl.go.jp/〉
国立国会図書館で所蔵している一九六八年以降の博士論文が検索できる。

雑誌・雑誌論文を探す

雑誌情報

①国立国会図書館「NDL-OPAC」〈http://opac.ndl.go.jp/〉
国立国会図書館所蔵の雑誌目録が検索できる。

②国立情報学研究所「NACSIS-Webcat」〈http://webcat.nii.ac.jp/〉あるいは〈http://webcatplus.nii.ac.jp/〉

全国の大学図書館等が所蔵する雑誌目録が検索できる。

③東京都立図書館 〈http://www.library.metro.tokyo.jp/〉

東京都立図書館が所蔵する雑誌・新聞・年鑑を検索できる。

④科学技術振興機構 JST 〈http://opac.jst.go.jp/〉

国内雑誌二〇、七九八、外国雑誌一七、三一一種の雑誌を検索できる。

⑤「日本雑誌協会」のサイト 〈http://www.j-magazine.or.jp/FIPP/〉

各誌発行部数リストがあり、商業出版の雑誌が検索できる。

雑誌論文情報

①国立国会図書館の「雑誌記事索引」〈http://opac.ndl.go.jp/〉

国内の主要な雑誌九、六八七誌に載った論文や雑誌記事を検索できる。

②国立情報学研究所の「GeNii 学術コンテンツ・ポータル」〈http://ge.nii.ac.jp/〉もしくは「論文情報ナビゲータ」〈http://ci.nii.ac.jp/〉

大学等の紀要の論文、収録件数約一二二〇万件が検索できる。

③名古屋大学付属図書館の「研究紀要全文」〈http://www.nul.nagoya-u.ac.jp/db/kiyou/index.html〉

全国の大学、研究機関発行の学術雑誌（研究紀要）を検索できる。

④国文学研究資料館の「国文学論文目録データベース」〈http://base1.nijl.ac.jp/~ronbun/〉

一九一二年から日本国内で発表された国文学関係の研究論文が検索できる。

⑤東京大学東洋文化研究所の「中国近現代文学関係雑誌記事データベース」〈http://www.ioc.u-tokyo.ac.jp/〉

中国近現代文学研究関係の主要雑誌に載った論文・記事が検索できる。

⑥国立民族学博物館の「服装・身装文化（コスチューム）データベース」〈http://htq.minpaku.ac.jp/database/mcd/〉

身装関連の雑誌記事が検索できる。

⑦国立女性教育会館の「文献情報データベース」〈http://winet.nwec.jp/bunken/〉
女性教育情報センターで所蔵の和雑誌、新聞の記事が検索できる。

新聞・新聞記事を探す

新聞・新聞記事情報

①国立国会図書館の「全国新聞総合目録データベース」〈http://sinbun.ndl.go.jp/〉
全国の機関で所蔵している新聞を検索できる。その機関の所在地、連絡先、公開、複写、レファレンスの可否がわかる。

②神戸大学図書館の「神戸大学新聞記事文庫」〈http://www.lib.kobe-u.ac.jp/sinbun/index.html〉
明治末から一九七〇年までの新聞記事、五〇万件を検索できる。

③読売新聞社の「YOMIURI ONLINE」ヨミダス文書館〈http://www.yomiuri.co.jp/bunshokan/〉
最新の読売新聞のニュース記事を検索できる。

④朝日新聞社の「asahi. com」〈http://www.asahi.com/〉
最新の朝日新聞のニュース記事を検索できる。

⑤毎日新聞の「毎日 jp」〈http://mainichi.jp/〉
最新の毎日新聞のニュース記事を検索できる。

⑥毎日新聞情報サービスセンターの「毎日フォトバンク」〈http://photobank.mainichi.co.jp/〉
幕末以来の歴史を記録した貴重な写真・図表をあわせて約二六万件を検索できる。

⑦日本経済新聞の「NIKKEI NET」〈http://www.nikkei.com/〉
最新の日本経済新聞のニュース記事を検索できる。

⑧日経goo「日経 goo」〈http://nikkei.goo.ne.jp/〉

日本経済新聞、日経産業新聞、日経ＭＪ（流通新聞）の過去一年分の見出しを検索できる。

⑨日本新聞協会の「Pressnet」〈http://www.pressnet.or.jp/〉

全国の新聞・通信社、放送局へリンクして、検索できる。

⑩共同通信社〈http://www.kyodo.co.jp/〉

加盟新聞社のサイトから全国の地方新聞を検索できる。

主な文献データベース（前出のものを除く）

全国漢籍データベース〈http://www.kanji.zinbun.kyoto-u.ac.jp/kanseki〉

中国古典テキストデータベース〈http://hyena.human.niigata-u.ac.jp/files/textdb/cndbhome.html〉

東洋学文献類目検索〈http://ruimoku.zinbun.kyoto-u.ac.jp/ruimoku/〉

考古学文献目録〈http://wwwsoc.nii.ac.jp/jaa2/zdb/index.htm〉

北方資料データベース〈http://www.lib.hokudai.ac.jp/hoppodb/〉

近現代日本政治関係人物文献目録〈http://rnavi.ndl.go.jp/seiji/〉

日本法令索引〈http://hourei.ndl.go.jp/SearchSys/〉

法令データ提供システム〈http://law.e-gov.go.jp/cgi-bin/idxsearch.cgi〉

全国条例データベース〈http://joreimaster.leh.kagoshima-u.ac.jp/MAINR.HTM〉

著作権データベース〈http://www.cric.or.jp/db/dbfront.html〉

国際法文献検索システム〈http://yamato.eco.hiroshima-u.ac.jp/illrs/〉

アジア経済研究所 IDE OPAC〈http://opac.ide.go.jp/webopac2/topmnu.do〉

社会学文献情報データベース〈http://www.gakkai.ne.jp/jss/db/〉

社会老年学文献データベース（ダイヤ高齢社会研究財団）〈http://dia.or.jp/dial/〉

家族史・人口史文献データベース〈http://www.nichibun.ac.jp/graphicversion/dbase/family.html〉

労働統計データベース〈http://stat.jil.go.jp/〉
社会・労働関係論文データベース〈http://oohara.mt.tama.hosei.ac.jp/dglb/〉
労働政策研究支援情報(データベース)〈http://db.jil.go.jp/〉
消費者問題文献情報システム〈http://opac.kokusen.go.jp/opac/service/menu.html〉
EDMARS 教育研究文献情報データベース〈http://www.crdc.gifu-u.ac.jp/edmars/index.html〉
教育研究論文索引〈http://www.nier.go.jp/library/ronbunsakuin.htm〉
地球環境研究成果データベース〈http://www.env.go.jp/earth/suishinhi/wise/j/kensaku.htm〉
河川水辺雑誌情報　記事検索〈http://www2.japanriver.or.jp/zassijyouhou/search.htm〉
国指定文化財等データベース〈http://www.bunka.go.jp/bsys/〉
日本民俗学文献目録データベース〈http://www.rekihaku.ac.jp/up-cgi/login.pl?p=param/ni2/db_param〉
日本荘園データベース〈http://www.rekihaku.ac.jp/up-cgi/login.pl?p=param/soue/db_param〉
日本建築学会―建築歴史・意匠文献目録〈http://www.aij.or.jp/scripts/tosho/bunken.htm〉
林業・林産関係国内文献データベース〈http://cs.ffpri.affrc.go.jp/folis21/folis-hp-j.html〉
音楽の森 music Forest データベース〈http://www.minc.gr.jp/db/〉
日本古典演劇・近世文献目録データベース〈http://www.sonoda-u.ac.jp/chikamatsu/websearch/annai.html〉
日本映画データベース〈http://www.jmdb.ne.jp/〉
テレビドラマデータベース〈http://www.tvdrama-db.com/〉
日本語学会―研究文献データベース〈http://www.jpling.gr.jp/database.html〉

文献をさがすための文献一覧

大久保久雄 編

凡例

一、本目録は主として人文・社会科学関係の書誌・文献目録(邦文)を収録した。
二、項目は日本十進分類法の主綱表に準拠した。
三、項目内の配列は各資料の発行年順とした。
四、記述法は、『書名』、副書名または注記、著(編)者名、(刊行所、刊行年)、冊数、注記、の順とした。
五、本目録の作成に当っては左記の文献を参考にした。

『日本の参考図書』改訂版　国際文化会館編(日本図書館協会、一九六七年)
『日本の参考図書』補遺版　日本図書館協会日本の参考図書編集委員会編(日本図書館協会、一九七二年)
『日本の参考図書　四季版　83―116』国立国会図書館編(日本の参考図書　日本図書館協会、一九八六―九四年)
『日本の参考図書』第四版　日本図書館協会日本の参考図書編集委員会編(日本図書館協会、二〇〇二年)
『東京都立中央図書館蔵書誌目録』(東京都立中央図書館、一九七五年)
『書誌年鑑　一九八二―二〇〇四年』深井人詩ほか編(日外アソシエーツ)

目次

総　記

図書・書誌学

『増訂国書解題』佐村八郎（臨川書店、一九六八年、2冊）（日本図書センター複刊、一九七九年）古代から慶応三年までの和書
『本邦 書誌ノ書誌』天野敬太郎（間宮商店、一九三三年）
『研究調査参考文献総覧』波多野賢一ほか（朝日書房、一九三四年）古代から一九三二年までの参考図書
『書物誌展望』斎藤昌三（八木書店、一九五五年）
『参考図書の解題』弥吉光長（理想社、一九五五年）
『世界の書誌展示会 目録と解説』（国立国会図書館、一九五七年）
『世界名著大事典』（平凡社、一九六〇―六二年）8冊
『近代日本名著解題』岡野他家夫（有明書房、一九六二年）
『図書館学・書誌学辞典』植村長三郎（有隣堂印刷、一九六七年）
『日本の参考図書』改訂版　国際文化会館（日本図書館協会、一九六七年）
『日本出版百年史年表』（日本書籍出版協会、一九六八年）一八六八年から一九六七年までを対象
『参考図書所在目録 和文編』同編纂委員会（日本私立大学協会、一九六八年）一九六五年現在収録
『白書の概要』（大蔵省印刷局、一九七一年）
『日本の参考図書』補遺版　日本図書館協会日本の参考図書編集委員会（日本図書館協会、一九七二年）
『日本の参考図書』第四版　日本図書館協会日本の参考図書編集委員会（日本図書館協会、二〇〇二年）
『日本書誌の書誌』総載編、主題編1・2、人物編1　天野敬太郎（巌南堂書店→日外アソシエーツ、一九七三―八四年）『本邦 書誌ノ書誌』の累積増補版
『主題書誌索引』深井人詩（日外アソシエーツ、一九八一、九四年）2冊
『日本書誌総覧』（日外アソシエーツ、二〇〇四年）
『邦語文献を対象とする参考調査便覧』片山喜八郎（書誌研究の会、一九八八年）
『政府刊行物資料案内―中央官庁・公共企業体・政府関係機関―　昭和四十八年刊行分』国立国会図書館（専門図書館協議会、一九七四年）
『国の刊行物解説目録　昭和四十三年度―四十四年度』国立国会図書館連絡部（国立国会図書館、一九七一年）
『国の刊行物解説目録　昭和四十五年度―四十八年度』国

立国会図書館連絡部(国立国会図書館、一九七五年)
『書評年報 人文・社会・自然編、文学・芸術・児童編』一九七〇年―(同刊行会、一九七一年―)
『書誌年鑑』一九八二年― 深井人詩ほか(日外アソシエーツ、一九八二年―) 年刊
『書物関係雑誌細目集覧』1・2 書誌研究懇話会(日本古書通信社、一九七四、七六年)2冊
『全国特殊コレクション要覧』改訂版 国立国会図書館参考書誌部(国立国会図書館、一九七七年)
『漢籍解題』桂五十郎(明治書院、一九〇五年)
『支那書籍解題』書目書誌之部 長沢規矩也(文求堂、一九四〇年)
『支那学入門書略解』新訂版 長沢規矩也(竜文書局、一九四五年)
『朝鮮図書解題』(朝鮮総督府、一九一九年)(名著刊行会複刻、一九六九年)
『古鮮冊譜』前間恭作(東洋文庫、一九四四―五七年)3冊
『東京都立日比谷図書館蔵書目録 一八六八―一九五四』(東京都立日比谷図書館、一九七一―七二年)
『東京都立中央図書館蔵書誌目録、追録版』(東京都立中央図書館、一九七五、八二年)2冊

図書目録

『江戸時代之書目』杉浦丘園(雲泉荘、一九二九年)
『享保以後江戸出版書目』樋口秀雄ほか(未刊国文資料刊行会、一九六二年)(新訂版 臨川書店、一九九三年)
『江戸時代書林出版書籍目録集成』1―4 慶応義塾大学付属研究所斯道文庫(井上書房、一九六二―六四年)4冊
『享保以後大阪出版書籍目録』大阪図書出版業組合(清文堂、一九六四年)
『近世京都出版資料』宗政五十緒ほか(日本古書通信社、一九六五年)
『日本国見在書目録解説稿』藤原佐世撰、小長谷恵吉解説(小宮山出版、一九七六年) 複製
『日本国見在書目録』矢島玄亮(汲古書院、一九八四年)
『徳川時代出版者出版物集覧』矢島玄亮(万葉堂書店、一九七六年)
『徳川幕府時代書籍考』牧野善兵衛著、弥吉光長解説(ゆまに書房、一九七六年) 複製
『徳川幕府蔵書目』1―9 小川武彦ほか(ゆまに書房、一九八五年)9冊

『国書総目録 補訂版』1—8、著者名索引（岩波書店、一九八九—九一年）9冊　国初から慶応三年までの総合目録

『古典籍総合目録 国書総目録続編』（岩波書店、一九九〇年）2冊

『米国議会図書館蔵 日本古典籍目録』目録刊行会（八木書店、二〇〇三年）

『近世書籍研究文献目録』鈴木俊幸（ぺりかん社、一九九七年）

『東京書籍商組合図書総目録』明治二十六—昭和十五年（東京書籍商組合、一八九三—一九四〇年）9冊

『明治文献目録』高市慶雄（日本評論社、一九三二年）

『明治文化資料叢書 7、書目編』同刊行会（風間書房、一九六三年）

『内閣文庫明治時代洋装図書分類目録』（内閣文庫、一九六七年）

『明治前期書目集成』1—14、補4　明治文献資料刊行会（明治文献、一九七一—七五年）20冊

『明治書籍総目録』東京書籍商組合（ゆまに書房、一九八五年）8冊　複製

『大正書籍総目録』東京書籍商組合（ゆまに書房、一九八六年）4冊　複製

『昭和書籍総目録』東京書籍商組合（ゆまに書房、一九八六年）6冊　複製

『日本書籍分類総目録 1—40 明治編、大正編、昭和編』（日本図書センター、一九八五—八七年）43冊　複製

『全日本出版物総目録』昭和二十三年版—五十一年版　国立国会図書館収書部（国立国会図書館、一九五一—七八年）　年刊　五十二年版以降『日本全国書誌』に移行

『全日本出版物総目録』昭和二十三—四十四年補遺編　国立国会図書館収書部（国立国会図書館、一九七五年）

『納本週報』1号—（国立国会図書館、一九五五—八〇年）　週刊　一九八一年以降『日本全国書誌 週刊版』と改題

『日本全国書誌』昭和五十二年版（国立国会図書館、一九八二年）3冊

『日本全国書誌』（国立国会図書館、一九八一年—）　週刊　→週刊、ホームページ版

『日本全国書誌 書名・著者名索引』一九八三—九七年版　国立国会図書館監修（日本図書館協会、一九八四—九八年）　年刊

『帝国図書館和漢図書 書名目録 明治三十二―昭和二十四年、分類目録 昭和十六―二十四年、件名目録 明治三十三―四十年』（帝国図書館、国立国会図書館、一八九九―一九六六年）23冊

『帝国図書館洋書目録』明治五―三十八年（帝国図書館、一八九八―一九〇六年）7冊

『国立国会図書館所蔵 明治期刊行図書目録』国立国会図書館整理部（国立国会図書館、一九七一―七六年）6冊

『国立国会図書館蔵書目録 明治期』国立国会図書館図書部（国立国会図書館、一九九四―九五年再刊）8冊

『国立国会図書館蔵書目録』昭和二十三年―（国立国会図書館、一九六二年―）

『出版年鑑』昭和四―十五年版（東京書籍商組合、一九二九―四〇年）12冊

『出版年鑑』昭和五―十六年版（東京堂、一九三〇―四一年）12冊

『書籍年鑑』昭和十七年版（協同出版社、一九四二年）

『日本出版年鑑』昭和十八年版（協同出版社、一九四三年）

『日本出版年鑑』昭和十九―二十一年版、昭和二十二―二十三年版（日本出版協同、一九四七―四八年）2冊

『出版年鑑』一九五〇年版―（出版ニュース社、一九五一年―） 年刊

『出版ニュース』（出版ニュース社、一九四六年―） 旬刊

『日本総合図書目録』一九五八―七七年版（日本書籍出版協会、一九五八―七七年） 分冊、年刊

『日本書籍総目録 書名編、索引編』一九七七年―（日本書籍出版協会、一九七七年―） 年刊 →『出版年鑑』と合体、CD-ROM

『調査研究・参考図書目録』改訂新版（図書館流通センター、二〇〇二年）

『翻訳図書目録』一九四五―九六年（日外アソシエーツ、一九八四―九七年）16冊 →以降はCD-ROM

『全集・合集収載翻訳図書目録』一九四五―九二年（日外アソシエーツ、一九九五―九六年）6冊

『選定図書目録』一九五〇年版―（日本図書館協会、一九五〇年―） 年刊

『学校図書館基本図書目録』一九五二年版―（全国学校図書館協議会、一九五二年―） 年刊

『官庁刊行物総合目録』1―8（国立国会図書館、一九五二―六〇年）8冊

『官公庁出版物目録』一九六六年―（国立国会図書館、一九六八年―）「全日本出版物総目録」の抜刷
『官庁刊行図書月報』（内閣印刷局、一九三八―四三年）（日本図書センター、一九九四年）32冊　複製
『政府刊行物月報』1巻1号―　政府刊行物普及協議会（政府刊行物サービスセンター、一九五七年―）
『あなたはこの本を知っていますか　地方・小出版流通センター、書肆アクセス取扱図書目録』（地方・小出版流通センター、一九七六年―）
『日本著者名総目録』（日外アソシエーツ、一九八九年―）一九二七年以降を収録
『日本件名図書目録』（日外アソシエーツ、一九八四年―）一九八五年より年刊（3冊）

全集目録

『日本叢書目録』浜野知三郎（六合館、一九二七年）
『叢書全集書目』川島五三郎（東京古書籍商組合、一九三一―三六年）5冊
『明治大正昭和全集叢書巻別書名価格事典』古典荘（大衆書房、一九五〇年）
『双書講座全集論集五〇二種分類索引』矢島玄亮（日本文献学会、一九五八年）
『全集総合目録 '67―』出版年鑑編集部（出版ニュース社、一九六七年―）不定期刊
『日本叢書索引』新版　広瀬敏（名著刊行会、一九六九年）複製
『全集・叢書細目総覧　1、古典編』復刻版　国立国会図書館参考書誌部（紀伊國屋書店、一九八九年）2冊
『全集・叢書細目総覧　1、古典編　続　付索引』国立国会図書館参考書誌部（紀伊國屋書店、一九八九年）
『全集叢書総覧』新訂版　書誌研究懇話会（八木書店、一九八三年）明治初年から昭和五十六年まで収録
『全集・叢書総目録』一九四五―九八年（日外アソシエーツ、一九九三、九九年）12冊
『個人全集内容目録』続々日本文学全集（目黒区立守屋図書館、一九七六年）正は一九七三年、続は一九七五年に刊行

辞典・文庫・年鑑目録

『日本の辞書展示会　目録と解説』（国立国会図書館、一九五五年）
『辞典の辞典』佃實夫ほか（文和書房、一九七五年）
「辞典・事典総ガイド」高野彰（『言語』13巻1号、一九八四年一月号、大修館書店）
『辞典・事典全情報　一九四五―八九年』（日外アソシエーツ、一九九〇年）

『辞典事典字典ベスト二五五ガイド』佐野眞（講談社、一九九七年）
『年鑑・白書全情報 一九四五―二〇〇二年』（日外アソシエーツ、一九九一、二〇〇三年）2冊
『日本年鑑類総覧』一九六八 同編集部（清和堂書店、一九六八年）
『日本の参考図書に現われた年鑑類細目』国際文化会館図書室（日本図書館協会、一九六七年）
『便利な文庫の総目録』一九六九― 森浩太郎（文庫の会、一九六八年―） 年刊
『岩波文庫解説総目録 一九二七―九六』（岩波書店、一九九七年）3冊
『新潮文庫全作品目録 一九一四―二〇〇〇』（新潮社、二〇〇二年）
『総合文庫目録』（総合文庫目録刊行会、一九九七年―）年刊
『新書総合目録 一九九七年版』（新書総合目録刊行会、一九九七年）

雑誌記事索引

『雑誌記事索引 人文・社会編』（国立国会図書館、一九四九年―） 季刊
『雑誌記事索引 科学技術編』（国立国会図書館、一九五〇年―） 季刊
『雑誌記事索引 人文・社会編 累積索引版』第一期―国立国会図書館（日外アソシエーツ→紀伊國屋書店、一九七五年―）
『ＪＯＩＮＴ 経済産業誌記事索引』経済文献研究会（日外アソシエーツ、一九七九年―）
『明治・大正・昭和前期 雑誌記事索引集成 社会科学編』1―70（皓星社、一九九四―九七年）70冊
『明治・大正・昭和前期 雑誌記事索引集成 人文科学編』1―50（皓星社、一九九五―九七年）50冊
『近代雑誌目次文庫』1―48（ゆまに書房、一九八九―二〇〇二年）48冊
『戦後国内重要ニュース索引 昭和二十年八月―昭和三十五年』神戸市立図書館（赤石出版、一九六〇―六一年）2冊
『戦後国内重要ニュース索引 昭和三十六年一月―昭和四十一年六月』神戸市立図書館参考事務研究会（日新堂、一九六六年）
『週刊誌記事索引 一九八一―八七年』（日外アソシエーツ、一九八八年）4冊
『総合誌記事索引 一九八一―九四年』（日外アソシエーツ、一九八八、九五―九六年）9冊

『ビジネス誌記事索引 一九八一―八七年』(日外アソシエーツ、一九八八年)3冊
『人文社会翻訳記事論文索引 一九八一―九〇年』(日外アソシエーツ、一九九九年)
『大宅壮一文庫雑誌記事索引総目録 人名編、件名編』(大宅壮一文庫↓紀伊國屋書店、一九八五、八八、九六年)27冊 →「CD-ROM版」(二〇〇三年)
『戦後雑誌目次総覧—政治・経済・社会—』上・下 東京大学社会科学研究所戦後改革研究会(東京大学出版会、一九七六—七七年)2冊
『明治前期学術雑誌論文記事総覧』 改訂 渡辺正雄(ゆまに書房、一九九〇年)
『幕末明治研究雑誌目次集覧』 柳生四郎ほか(日本古書通信社、一九六八年)
『明治雑誌目次総覧』 1—5(ゆまに書房、一九八五年)5冊
『雑誌総目次索引集覧』 増補版 天野敬太郎(日本古書通信社、一九六九年)
『日本雑誌総目次要覧』 天野敬太郎、深井人詩(日外アソシエーツ、一九八五年)
『日本雑誌総目次要覧 一九八四—九三年』 深井人詩(日外アソシエーツ、一九九四年)

新聞・雑誌目録

『学術雑誌総合目録 和文編 一九九六年版』 文部省学術情報センター(丸善、一九九七年)8冊
『学術雑誌総合目録 欧文編 一九九四年版』 文部省学術情報センター(紀伊國屋書店、一九九五年)8冊
『逐次刊行物目録』 昭和三十、三十一年版— 国立国会図書館収書部(国立国会図書館、一九五七年—)年刊
『国立国会図書館所蔵 和雑誌目録 付、中国語・朝鮮語雑誌目録』 国立国会図書館整理部(国立国会図書館、一九七六年—)
『国立国会図書館所蔵 国内逐次刊行物目録』 一九八七年— 国立国会図書館収書部(国立国会図書館、一九八七年—) 二年ごと
『帝国図書館雑誌新聞目録』(一九三七年) 昭和十年末から収録
『東天紅 明治新聞雑誌文庫所蔵目録』 東京帝国大学法学部(内外通信社出版部、一九三〇—四一年)3冊
『明治新聞雑誌文庫 所蔵雑誌目次総覧』(大空社、一九九三—九八年)150冊 複製
『明治前期文部省刊行雑誌目録』(国立教育研究所、一九六八年)

『雑誌年鑑』(日本読書新聞、一九三九―四一年)3冊(大空社複刻、一九八八年)

『雑誌年鑑』(協同出版社、一九四二年)(大空社複刻、一九八八年)

『日本雑誌総覧』一九七〇―八八年版　出版年鑑編集部(出版ニュース社、一九七〇―八七年)

『戦後日本雑誌総覧　社会科学の部』(清和堂、一九六三年)

『戦後雑誌目録』(林真、一九七四年)

『近代文学雑誌事典』長谷川泉(至文堂、一九六六年)

『日本近代文学館所蔵　主要雑誌目録　一九九〇年版』(日本近代文学館、一九八九年)

『雑誌新聞総かたろぐ』一九七九年版―(メディア・リサーチ・センター、一九七八年―)　年刊

『私立大学・短期大学紀要類　論文題目索引』一九六六年―(東京都私立・短期大学協会、一九六七年―)年刊

『全国公共図書館逐次刊行物総合目録』1―6(国立国会図書館、一九六三―六八年)6冊

『中国文新聞雑誌総合目録　日本主要研究機関図書館所蔵』市古宙三(近代中国研究委員会、一九五九年)

『外国雑誌便覧'67』(日本読書協会、一九六七年)　英米加を収録

『外国雑誌便覧　1、ソ連、東欧編』(日本読書協会、一九六八年)

『新聞雑誌記事カタログ　一九八一／八二　新聞、雑誌、ガイド』(日外アソシエーツ、一九八三年)5冊

『国立国会図書館新聞切抜事項名索引』(国立国会図書館、一九八〇年)

「国立国会図書館所蔵　写真帳・写真集の内容細目総覧―明治・大正編」村上清子(『参考書誌研究』33号、一九八七年十一月号、国立国会図書館資料部)

『雑誌・新聞書誌解題』(国立国会図書館協力部図書館研究所、一九八六年)

『雑誌・創刊号蔵書目録』(大塚正基方大塚文庫、一九八四年)

『全国社内報名鑑』(日本経営者団体連盟社内報センター、一九六三年)

『同人雑誌集覧　付、研究論文・翻訳　I』(日本大学芸術学部文芸学科研究室文学・雑誌センター、一九六六年)

『同人誌年鑑』一九七三年度版(五月書房編集部、一九七三年)

『サークル誌目録』(日本大学図書館、一九六六年)

『新聞総覧』(日本電報通信社、一九〇七―四三年)35冊年刊
『日本新聞年鑑』大正十三―昭和十六年(新聞研究所、一九二四―四一年)17冊
『日本新聞年鑑』昭和二十二年版―　日本新聞協会(電通、一九四七年―)
『新聞関係図書目録』上田十郎(岩手新報社労働組合、一九五四年)
『日本新聞雑誌便覧』昭和三十七年版―(日本新聞雑誌調査会マスコミ資料センター、一九六二年―)
『国立国会図書館所蔵　新聞目録』国立国会図書館閲覧部(国立国会図書館、一九七〇年)
『全国新聞ガイド』昭和五十九年版―(日本新聞協会、一九八四年―)

禁止本目録

『現代筆禍文献大年表』斎藤昌三(粋古堂書店、一九三二年)
『文部省推薦並教学局選奨図書思想関係発禁図書一覧』(文部省教学局、一九四二年)
『連合国軍総司令部から没収を命ぜられた宣伝用刊行物総目録』(文部省社会教育局、一九四九年)
『昭和書籍雑誌新聞発禁年表』小田切秀雄ほか(明治文献、一九六五―六七年)4冊
『禁止単行本目録』1―3(湖北社、一九七六―七七年)　明治二十一年―昭和十九年分収録
『出版警察報　1―40　昭和三年―十九年』(龍渓書舎、一九八一―八二年)40冊　複製
『国立国会図書館所蔵　発禁図書目録　一九四五年以前』(国立国会図書館、一九八〇年)
『メリーランド大学蔵　占領軍検閲雑誌目録・解題』奥泉栄三郎(雄松堂書店、一九八二年)
『連合国総司令部指令　没収指定図書総目録　連合国軍総司令部覚書』文部省社会教育局(今日の話題社、一九八二年)　複製
『日本占領期検閲雑誌―50音順目録』メリーランド大学図書館ゴードン・W・プランゲ文庫所載　一九四五―四九年(国立国会図書館、一九九六年)

哲　学

『現代哲学文献目録』(正文館書店、一九七六年)
『近代思想論』近代思想参考文献　大村晴雄(福村出版、一九七六年)
『哲学・思想書目録』(紀伊國屋書店、一九七九年)
『国立国会図書館蔵書目録　総記・哲学・宗教』(国立国

会図書館、一九七四年）
『国立国会図書館所蔵 主題別図書目録 昭和二十三―四十三年 2、哲学・心理・倫理』（日外アソシエーツ、一九八五年）
「戦後思潮四〇年」城塚登（『世界』482号、一九八五年十二月号、岩波書店）
『哲学・思想に関する雑誌文献目録 昭和二十三年―五十九年』（日外アソシエーツ、一九七七、八一、八七年）5冊
『思想哲学書全情報 一九四五―二〇〇〇年』（日外アソシエーツ、二〇〇一年）5冊
『哲学のすすめ』梅原猛（筑摩書房、一九六九年）
『哲学名著解題』隈元忠敬ほか（協同出版、一九八六年）
『日本件名図書目録 一九七七―八四年 10、哲学・心理学・宗教』（日外アソシエーツ、一九八五年）

東洋思想

『東洋学文献類目 一九八一年度』京都大学人文科学研究所附属東洋学文献センター（人文科学研究会、一九八五年）
『日本思想史文献解題』新版 大倉精神文化研究所（角川書店、一九九二年）
「日本思想史関係研究文献要目」（『東北大学日本思想史研究』17号、一九八五年三月号、東北大学文学部日本思想史学研究室）
『明治前期思想史文献』三橋猛雄（明治堂書店、一九七六年）
『国学者伝記集成』大川茂雄ほか（国本出版社、一九三四年）（続編を合せ、名著刊行会複刻、一九七二年、3冊）
『国学者伝記集成 続編』日本文学資料研究会（国本出版社、一九三五年）
『国学の人びと』国学参考文献 芳賀登（評論社、一九七六年）
『近世漢学者伝記著作大事典』第四版 関儀一郎ほか（関義直、一九八一年）
『漢学者伝記及著述集覧』小川貫道（関書院、一九三五年）（名著刊行会複刻、一九七〇年）
『日本漢学年表』斯文会（大修館書店、一九七七年）
『文学・哲学・史学文献目録 10、中国哲学・思想篇』（日本学術会議、一九六〇年）
『文科系文献目録 30・31、中国哲学篇 続（1）（2）』（日本学術会議、一九八五―八六年）
『中国思想・宗教・文化関係論文目録 一九七六』中国

思想宗教史研究会(国書刊行会、一九七六年)

心理学

『心理図書総目録』一九八五年版―(人文図書目録刊行会、一九八五年―)

『邦文心理学文献目録稿』(国立国会図書館支部上野図書館、一九五三年)

『文科系文献目録 20、28 心理学編』(日本学術会議、一九六七―六八、八三年)3冊

『心理学関係研究誌文献目録 一九四五―八三年』小山田隆明ほか(日本教育新聞社、一九八五年)

『心理学・社会心理学に関する雑誌文献目録 昭和二十三年―五十九年』(日外アソシエーツ、一九八二、八七年)2冊

『心理学の本全情報 一九四五―二〇〇二年』(日外アソシエーツ、一九九三、九八、二〇〇三年)3冊

『超自然・超心理学の本全情報 一九八六―九五年』(日外アソシエーツ、一九九六年)

倫理学

『文科系文献目録 16、倫理学編』(日本学術会議、一九六四年)

『倫理学名著百選』古川哲史ほか(河出書房、一九五五年)

宗教

『世界の宗教と経典総解説』金岡秀友ほか(自由国民社、一九七九年)

『国立国会図書館所蔵 主題別図書目録 昭和二十三年―四十三年 3、宗教』(日外アソシエーツ、一九八五年)

『宗教哲学名著解説』守屋貫教(三笠書房、一九四〇年)

『日本宗教史研究文献目録』1、2 大浜徹也ほか(岩田書院、一九九五、二〇〇〇年)2冊

『文学・哲学・史学文献目録 4、宗教関係学術篇』(日本学術会議、一九五五年)

『図書目録 宗教部門』大倉山文化科学図書館(大倉山文化科学研究所、一九五五年)

『宗教に関する雑誌文献目録 昭和二十三年―五十九年』(日外アソシエーツ、一九七八、七九、八二、八七年)5冊

『宗教の本全情報 一九八六―二〇〇〇年』(日外アソシエーツ、一九九五、二〇〇〇年)2冊

『神道分類総目録』佐伯有義(春陽堂書店、一九三七年)(名著普及会複刻、一九八八年)

『神道書籍目録』加藤玄智(明治聖徳記念学会、一九三八年)(臨川書店複刻、一九七四年、2冊)

『神道文献概説』岡田米夫(神社本庁、一九五一年)
『明治大正昭和神道書籍目録 自明治元年至昭和十五年』加藤玄智(明治神宮社務所、一九五三年)
『神道人物研究文献目録』国学院大学日本文化研究所(弘文堂、二〇〇〇年)
『神道論文総目録』国学院大学日本文化研究所(明治神宮社務所、一九六三年)(第一書房再刊、一九八七年)2冊
『神道書籍解説目録』1—3(国学院大学図書館、一九六〇、六四、八四年)3冊
『仏教論文総目録』仏典研究会(潮書房、一九三一年)
『明治仏教史編纂所蔵目録』(明治仏教史編纂所、一九七二年)
『仏教学関係雑誌論文分類目録』1—4(龍谷大学図書館、一九三一—八六年)6冊
『仏教関係雑誌論文分類目録』龍谷大学仏教学研究室(永田文昌堂、一九七二、八六年)2冊
『日本仏教研究文献要覧』大谷大学仏教学会(文栄堂書店、一九八〇年)
『仏教学関係雑誌文献総覧』(国書刊行会、一九八三年)
『仏教関係雑誌所在目録』(私立大学仏教図書館協会、一九八七年)
『新・仏典解題事典』第二版 中村元ほか(春秋社、一九七七年)
『仏書解説大辞典』1—13、別巻 小野玄妙(大東出版社、一九七四—八八年)15冊 改訂版
『日本仏教典籍大事典』金岡秀友ほか(雄山閣出版、一九八六年)
『基督教文献仮目録 自天保九年至明治三十年』(日本神学校、一九三二年)
『明治期キリスト教文献目録』(青山学院資料センター、一九九二年)
『日本基督教史関係和漢書目録 一五八〇—一八九〇』基督教史学会(文晃堂書店、一九五四年)
『東洋基督教史研究論文目録稿』吉田寅(アジア史研究会、一九五五年)
『日本キリスト教文献目録—明治期—』国際基督教大学アジア文化研究委員会(創文社、一九六五年)
『切支丹典籍叢考』海老沢有道(拓文堂、一九四三年)
『日欧交渉史文献目録』松田毅一(一誠堂書店、一九六五年)
『日欧文化交渉文献目録』国立国会図書館(カトリック文化協会、一九四九年)
『キリシタン史文献解題』海老沢有道ほか(キリスト教

史学会、一九五五年）

『吉利支丹文献考』土井忠雄（三省堂、一九六三年）

『日本キリスト教史文献目録』（関東学院大学図書館、一九七六年）

歴　史

『史学名著解題』千代田謙ほか（共立社、一九三一年）

『国史東洋史西洋史史籍解題』遠藤元男ほか（平凡社、一九四〇年）

『史学文献目録』史学会（山川出版社、一九五一年）

一九四六年から一九五〇年まで収録

『日本における歴史学の発達と現状』国際歴史学会議日本国内委員会（東京大学出版会→山川出版社、一九五九年―）五年ごと

『国立国会図書館蔵書目録　歴史・地理』（国立国会図書館、一九七三年）

『日中・日朝関係研究文献目録』石井正敏ほか（国書刊行会、一九七六年）

『国立国会図書館所蔵　主題別図書目録　昭和二十三年―四十三年　4、歴史』（日外アソシエーツ、一九八五年）

日　本

『維新史研究資料索引』（日本歴史地理学会、一九一九年）

『明治維新史研究の発展　その研究史と文献解題』入交好脩（同文館、一九四九年）

『明治維新史研究講座』別巻　歴史学研究会（平凡社、一九六九年）

『幕末明治海外渡航者総覧』1―3　手塚晃、国立教育会館（柏書房、一九九二年）3冊

『国史学界』昭和五―二十年（筑波家国史研究部、一九三〇―四五年）15冊

『綜合国史論文要目』大塚史学会（刀江書院、一九三九年）（日本図書センター複刻、一九八二年）

『総合国史文献解題』上・中・下　栗田元次（日本図書センター、一九八二年）3冊

『国史新著解題』高木真太郎（春秋社、松柏館、一九四三―四四年）2冊

『文学・哲学・史学文献目録　8、日本古代史編』（日本学術会議、一九五九年）

『国史文献解説』正・続　遠藤元男ほか（朝倉書店、一九五七、六五年）2冊

『日本史料集成』（平凡社、一九五六年）

『史料館所蔵　史料総覧』国文学研究資料館史料館（名著出版、一九九六年）

『史料館所蔵 史料目録』(文部省史料館、一九五二年—)

『近世・近代史料目録総覧』国文学研究資料館史料館(三省堂、一九九二年)

『近代日本総合年表』(岩波書店、一九六八年) 一八五三年から一九六七年までの年表

『日本史籍年表』小泉安次郎(吉川弘文館、一九一一年)(名著刊行会複刻、一九七〇年)

『史籍解題辞典』竹内理三ほか(東京堂出版、一九八五—八六年)2冊

「日本の歴史書三五〇〇」(『歴史百科』3巻1号、一九八〇年六月号、百年社)

『文科系文献目録 29、歴史学編』(日本学術会議、一九八四年)

「史学文献目録」(『史学雑誌』9巻1号、一九八二年一月号—、山川出版社) 月刊

「日本史関係雑誌論文目録」小川博(『日本歴史』380号、一九八〇年一月号—、吉川弘文館) 月刊

『日本史に関する雑誌文献目録 昭和二十三年—五十九年』(日外アソシエーツ、一九八二、八七年)5冊

『日本史関係雑誌文献総覧』(国書刊行会、一九八四年)2冊

『日本史図書目録 一九九一—二〇〇三年 古代、中世、近世』(日外アソシエーツ、一九九九、二〇〇四年)4冊

『現代史図書目録 一九四五—九九年』(日外アソシエーツ、二〇〇〇—〇一年)4冊

『日本史研究書総覧』遠藤元男(名著出版、一九七五年)

『日本史文献事典』黒田日出男ほか(弘文堂、二〇〇三年)

『日本史文献解題辞典』加藤友康、由井正臣(吉川弘文館、二〇〇〇年)

『国史大系書目解題』上・下 坂本太郎ほか(吉川弘文館、一九七一年)2冊

『洋学関係研究文献要覧 一八六八—一九八二年』日蘭学会(日外アソシエーツ、一九八四年)

『東洋文庫所蔵 近代日本関係文献分類目録 和書・マイクロフィルムの部』1—3(東洋文庫近代日本研究室、一九六一—六三年)

『国立国会図書館所蔵 日本関係欧文図書目録』国立国会図書館(紀伊國屋書店、一九七七、九二年)2冊

『地方史研究必携』地方史研究協議会(岩波書店、一九五二年)

『郷土資料目録総覧』日本図書館協会郷土の資料委員会（日本図書館協会、一九六五年）
『全国地方誌文献目録稿』（国学院大学史学会、一九六〇年）
『戦後市町村史総合目録』横浜市立大学事務局学生課（横浜市立大学、一九六七年）
『日本地方史誌目録・索引』高橋梵仙（大東文化大学東洋研究所、一九六九年）
『地方史文献総合目録』上・下、索引　阿津坂林太郎（巌南堂書店、一九七〇—七五年）3冊
『日本史文献年鑑』一九七六年版—　地方史研究協議会（柏書房、一九七六年—）
「地方史雑誌文献目録」飯澤文夫（『歴史手帖』一九八〇年一月号—九七年、名著出版）月刊
「地方史出版目録」馬場万夫（『歴史手帖』一九八二年十月号—九七年、名著出版）月刊
『地方史文献年鑑—郷土史研究雑誌目次総覧』飯澤文夫（岩田書院、一九九七年—）年刊
『地域研究郷土資料図書目録』（図書館流通センター、一九九七年）3冊
『琉球文献目録稿』（国立国会図書館支部上野図書館、一九五二年）
『戦後沖縄の文献解題』琉球政府立法院図書室（琉球政府立法院事務局、一九六一年）
『琉球文献目録』比嘉春潮（琉球大学、一九六二年）
『琉球関係考古学文献目録』友寄英一郎（小宮山書店、一九六二年）
『沖縄書誌総覧』新城安善（沖縄県図書館協会、一九九一年）
『アイヌ文献目録』松下亘ほか（みやま書房、一九七八年）
『日本考古学年報』1—　日本考古学協会（誠文堂新光社、一九五一年—）
『日本考古学文献総覧』斎藤忠（学生社、一九九七年）
『日本石器時代綜合文献目録』岡本勇ほか（山岡書店、一九五八年）
『文科系文献目録　17、考古学編』（日本学術会議、一九六四年）
『歴史学・考古学に関する雑誌文献目録　昭和二十三年—五十九年』（日外アソシエーツ、一九八二、八七年）2冊
「考古学関係文献目録」（『考古学ジャーナル』159号、一九八一年一月号—、ニューサイエンス社）月刊

アジア

『東洋史研究文献類目 昭和九年―』東方文化学院、京都研究所（人文学会、一九三五年―）（思文閣出版複製、一九七一年）6冊
『邦文歴史学関係諸雑誌東洋史論文要目』（大塚史学会、一九三六年）
『南洋文献目録』太平洋協会（中央公論社、一九四一年）
『南方植民史文献目録』（東亜研究所、一九四二年）
『増補南方文献目録』日本拓殖協会（大同書院、一九四四年）
『東洋史図書目録 一九四五―九〇年』（日外アソシエーツ、一九九四年）
『近代アジア研究文献目録』1―15（大空社、一九九六年）15冊
『旧植民地関係機関刊行物総合目録』（アジア経済研究所、一九七三―八一年）5冊
『東洋史料集成』（平凡社、一九五六年）
『アジアに関する書誌目録 一九五七年版』福島良子（東洋学インフォメーションセンター、一九六〇年）
『アジア地域総合研究文献目録』1―5 文部省大学学術局（日本学術振興会、一九五九―六三年）5冊
『東洋学文献類目』一九六三年―（京都大学人文科学研究所東洋学文献センター、一九六六年―）
『日本における東洋史論文目録』同編集委員会（日本学術振興会、一九六四年―）
『日本アジア研究史研究文献目録』片倉穣（多賀出版、一九九六年）
『東洋学文献叢説』神田喜一郎（二玄社、一九六九年）
『東洋学著作目録類総覧』川越泰博（沖積舎、一九八〇年）
『東南アジア関係資料 総合目録』増補改訂版、補遺Ⅰ・Ⅱ 国立国会図書館一般考査部（日本エカフェ協会、一九五八―六〇年）3冊
『東南アジア関係資料総合目録』（アジア経済研究所、一九六四年）5冊
『東南アジアハンドブック』滝川勉（講談社、一九八〇年）
『東南アジア 歴史と文化 9、12』東南アジア関係文献目録 東南アジア史学会（平凡社、一九八〇、八三年）
『アジア・アフリカ史に関する雑誌文献目録 昭和二十三年―五十九年』（日外アソシエーツ、一九八八年）
『アジア・アフリカ関係図書目録 一九四五―二〇〇三年』（日外アソシエーツ、一九九五、九九、二〇〇四

年）4冊
『発展途上地域 アジア、アフリカ、ラテン・アメリカ、オセアニア 日本語文献目録』一九八五年—（アジア経済研究所、一九八六年—）
「発展途上諸国基本参考資料ガイド 5、東南アジア（二）インドネシア」高橋宗生（『アジア経済資料月報』23巻11号、一九八一年十一月号、アジア経済研究所）
「発展途上諸国基本参考資料ガイド 5、東南アジア（三）フィリピン、マレイシア、シンガポール、ブルネイ」福崎久一（『アジア経済資料月報』24巻1号、一九八二年一月号、アジア経済研究所）
『東西交渉史文献目録 1、中央アジア 一八八六—一九七七』梅村坦（シルクロード、一九七九年）
『シルクロードハンドブック』シルクロード文献目録 長沢和俊（雄山閣出版、一九八二年）
『東方学関係著書論文目録』19号（一九七二年）—（東方学会、一九七四年—）年刊
『明治年間朝鮮研究文献誌』桜井義之（書物同好会、一九四一年）
『朝鮮研究文献誌 明治大正編』桜井義之（龍渓書舎、一九七九年）
『朝鮮関係文献・資料総目録』朝鮮近代史料研究会（朝鮮史料研究会、一九六一年）
『今西博士蒐集朝鮮関係文献目録』原三七（書籍文物流通会、一九六一年）
『朝鮮図書解題』（朝鮮総督府、一九一九年）（名著刊行会複刻、一九六九年）
『朝鮮関係文献・資料総目録』（友邦協会、一九六七、七二年）2冊
『国立国会図書館所蔵 朝鮮関係資料目録』1—4 国立国会図書館参考書誌部（国立国会図書館、一九六六—七五年）4冊
『朝鮮史関係図書目録』（学習院大学東洋文化研究所、一九七五年）
『朝鮮史研究会論文集 13、朝鮮史文献目録』諸田正幸ほか（朝鮮史研究会、一九七六年）
『朝鮮研究文献目録 一八六八—一九四五』末松保和（東京大学東洋文化研究所附属東洋学文献センター、一九七〇—七二年）7冊 （汲古書院複製、一九八〇年、2冊）
『戦後日本における朝鮮史文献目録 一九四五—九一』朝鮮史研究会（緑蔭書房、一九九四年）
「朝鮮についての本と論文」梶村秀樹（『朝鮮研究』101

―205号、一九七一年一月号―八〇年十一月号、日本朝鮮研究所）
『新朝鮮史入門』朝鮮史研究のための文献　吉田光男（龍渓書舎、一九八一年）
『支那問題文献辞典』馬場明男（慶応書房、一九四〇年）
『中国史学入門』東方学術協会（平安文庫、一九五二年）
『戦後日本における現代中国関係主要雑誌論文目録』石川忠雄（慶応義塾大学法学部法学研究会、一九五六年）
『近百年来中国文文献現在書目』小竹文夫（東方学会、一九五七年）
『中国近代史論文索引稿一八四〇―一九四九』（中国近代史研究会、一九五七年）
『近代中国関係文献目録一九四五―七八』同刊行委員会（中央公論美術出版、一九八〇年）
『中国関係日本文雑誌論説記事目録』（近代中国研究センター、一九六四、六五年）2冊
『中国地方誌連合目録』東洋学文献センター連絡協議会（東洋文庫、一九六五年）
『現代中国関係中国語文献総合目録』（アジア経済研究所、一九六七―七〇年）10冊
『中国研究文献案内』J・K・フェアーバンクほか（東京大学出版会、一九七四年）
『近代中国・日中関係図書目録』増補版　市古宙三（汲古書院、一九八〇年）
『近代日中関係史研究論文目録一九四六―八九年』塚瀬進（龍渓書舎、一九九〇年）
『満洲文献目録集』満洲事情案内所（地久館出版、一九八五年）複製
『中国朝鮮図書速報』一九五六年―（国立国会図書館、一九五六年―）
『台湾文献展観目録』（台湾愛書会、一九三四年）
『台湾問題重要文献資料集』1―3（龍渓書舎、一九七一年）3冊
『モンゴル研究文献目録一九〇〇―一九七二』岩村忍ほか（日本モンゴル学会、一九七三年）
『アジア・アフリカ文献調査報告』（アジア・アフリカ文献調査委員会、一九六四年）8冊
『日本におけるアジア・アフリカ研究の現状と課題　文献目録・解題』（アジア・アフリカ組織、一九六六年）7冊
『欧文インド文献綜合目録　日本国内主要図書館所蔵、

社会科学・人文科学編』(南方史研究会、一九五九年)
『ネパール文献目録』神原達(朋文堂、一九六〇年)
『現代アラブ成長と貧困』現代アラブ文献目録　アミーン(東洋経済新報社、一九七六年)

ヨーロッパほか

『西洋史研究入門』新版　井上幸治ほか(東京大学出版会、一九六六年)
『西洋史料集成』(平凡社、一九五六年)
『世界史・西洋史に関する雑誌文献目録　昭和二十三年—昭和五十九年』(日外アソシエーツ、一九八八年)
『西洋史図書目録　一九四五—九〇年』(日外アソシエーツ、一九九五年)
『ヨーロッパ関係図書目録』(日外アソシエーツ、一九九五年)
『アメリカ関係図書目録』(日外アソシエーツ、一九九五年)
『アメリカ・ヨーロッパ関係図書目録　一九九四—二〇〇三年』(日外アソシエーツ、一九九九、二〇〇四年)2冊
『イギリス革命文献目録』イギリス史研究センター(名古屋大学経済学部図書室、一九六三年)
『イギリス近代史特殊文献目録』社会科学基本書誌・別冊附録　水田洋ほか(名古屋大学経済学部、一九六六年)
『イギリス史研究入門』イギリス史基本文献目録　青山吉信ほか(山川出版社、一九七五年)
『イギリス革命の理念』イギリス革命文献　原田純(小学館、一九七六年)
『文科系文献目録　23、イタリヤ学篇』上・下(日本学術会議第一部、一九七五、七六年)2冊
『イタリア・ルネッサンス』イタリア・ルネッサンス主要文献目録　久保尋二(美術出版社、一九七六年)
「イタリア関係図書刊行目録」(『日伊文化研究』14号—、一九七六年—、日伊協会)
『イタリア学文献目録』京都大学文学部イタリア文学研究室・日本イタリア京都会館(日本オリベッティ、一九七七年)
『イタリア近現代史洋書総合目録』イタリア近現代史研究会(日外アソシエーツ、一九九一年)
『イタリア関係図書目録』(イタリア文化会館、一九七八年—)　年刊
『スペイン・中南米関係文献目録　一八六八—一九九六年』坂東省次(渓水社、一九九七年)

『ソビエト関係図書総目録』1・2(日ソ翻訳出版懇話会、一九五八、六三年)2冊
『日ソ関係図書総覧』同刊行委員会(岩崎学術出版社、一九六八年)
『ソビエト史研究入門』菊地昌典(東京大学出版会、一九七六年) 資料作成は庄野新
『ソ連東欧研究文献目録』一九七八― 松田潤(北海道大学スラブ研究センター、一九八〇年―) 年刊
『東欧関係邦語文献目録』東欧史研究会(津田塾大学国際関係研究所、一九八一年)
『スウェーデン関係日本語文献目録』森山高根(森山高根、一九九〇年)
『アフリカ文献総覧』(日本大学国際研究所、一九五九年)
『邦文アフリカ関係文献目録 一九六五―一九七九』(アジア経済研究所、一九七三、八〇年)2冊
『アフリカ関係文献目録』(京都大学アフリカ地域研究調査室、一九八一年)
「中東・北アフリカ関係邦文文献目録 一九七〇―七九」(『アジア経済資料月報』22巻2・3号、一九八〇年、アジア経済研究所)
『アメリカ史邦文文献目録』(日本女子大学アメリカ研究室、一九六九年)
『アメリカ研究邦語文献目録 歴史・政治・経済』アメリカ学会(東京大学出版会、一九七三年)
『アメリカ研究邦語文献目録』2―4、歴史・政治・経済・文学 立教大学アメリカ研究所(東京大学出版会、一九七六、八二、八七年)3冊
『アメリカ研究入門』本間長世ほか(東京大学出版会、一九八〇年)
『ラテンアメリカ文献目録』一九八〇年―(上智大学イベロアメリカ研究所、一九八一年―)
『ラテンアメリカ地域日本語文献目録 一九七五―一九八五年』吉田ルミ子(アジア経済研究所、一九八六年)
『日本のラテン・アメリカ調査研究書概説』(ラテン・アメリカ協会、一九六五年)
『日本におけるブラジル研究―文献目録』(日本ブラジル中央協会、一九七五年)

伝記

『雑誌に於ける追悼号書目』伊藤一男(カズオ書店、一九二九年)
『維新史籍解題 伝記編』高梨光司(明治書院、一九三五年)(マツノ書店複刻、二〇〇三年)

『伝記資料索引』東京市立日比谷図書館（東京市役所、一九二八—三八年）5冊
『文科系文献目録 14、日本近代史・伝記篇』（日本学術会議、一九六三年）
『人物文献索引 人文編』国立国会図書館参考書誌部（国立国会図書館、一九六七年）
『人物文献索引 経済・社会編』国立国会図書館参考書誌部（国立国会図書館、一九六九年）
『人物文献索引 法律・政治編』国立国会図書館参考書誌部（国立国会図書館、一九七二年）
『日本人名情報索引』改訂増補版 馬場萬夫、国立国会図書館図書館協力部図書館研究所（国立国会図書館、一九九〇年）
『国立国会図書館所蔵 近代日本政治関係人物文献目録』（国立国会図書館、一九八五年）
『東京大学経済学部所蔵 近代日本経済人伝記資料目録』同編集委員会（東京大学出版会、一九八〇年）
『海を越えた日本人名事典』富田仁（日外アソシエーツ、一九八五年）
『日本人物文献目録』法政大学文学部史学研究室（平凡社、一九七四年、一九九三年複刊）
『人物情報事典』一九八一—八四年（日外アソシエーツ、一九八一—八四年）15冊
『人物文献目録』一九八〇年— 森睦彦（日外アソシエーツ、一九八一年—） 年刊
『伝記・評伝全情報 一九四五—九九年』（日外アソシエーツ、一九九一、九五、二〇〇〇年）8冊
『和学者総覧』国学院大学日本文化研究所（汲古書院、一九九〇年）

地理

『世界国別地誌目録』慶応義塾大学文化地理研究会（好学社、一九五九年）
『東洋文庫地方志目録 支那・満州・台湾』（東洋文庫、一九三五年）
『最近地理学文献目録 1』耕崎正男（古今書院、一九三一年）
『地理学関係文献目録』（大塚地理学会、一九三七年）2冊
『家蔵日本地誌目録』高木利太（兵庫県大山村、一九二七、三〇年）2冊
『改訂重版 古版地誌解題』和田万吉（大岡山書店、一九三三年）
『地誌目録』内務省地理局（大岡山書店、一九三五年）
『人文地理文献目録』宇山保雄（山口高等学校、一九五

一年)
『地理学文献目録』人文地理学会(柳原書店、一九五三年)3冊
『地理学文献目録』4―8 人文地理学会(大明堂、一九六八―八九年)5冊
『地理学文献目録』9 人文地理学会(古今書院、一九九三年)
『日本県別地誌目録』慶応義塾大学文化地理研究会(好学社、一九五五年)
『人文地理学研究法』藤岡謙二郎(朝倉書店、一九五七年)
『明治以降本邦地図目録』(日本国際地図学会、一九六九年)
『国立国会図書館所蔵 主題別図書目録 昭和二十三年―四十三年 5、伝記・地理・紀行』(日外アソシエーツ、一九八五年)
『地理・人文地理学に関する二十七年間の雑誌文献目録 昭和二十三年―四十九年』(日外アソシエーツ、一九八二年)
『地理・人文地理学・紀行に関する十年間の雑誌文献目録 昭和五十年―五十九年』(日外アソシエーツ、一九八七年)
『紀行・案内記全情報 一九四五―二〇〇一年』(日外アソシエーツ、一九九二―九三、九七、二〇〇二年)4冊

社会科学

『法政・経済・社会論文総覧』天野敬太郎(刀江書院、一九二七、二八年)2冊
『経済・法律文献目録』神戸高等商業学校商業研究所(宝文館、一九二七、三一年)2冊
『社会科学文献解説』大阪市立大学経済研究所(日本評論新社、一九四七―五三年)10冊 (文生書院複製、一九八四年、5冊)
『社会科学文献解題』日本ユネスコ国内委員会監修(日本学術振興会、一九六二年)
『本邦著述家著作目録索引稿 明治以降社会科学関係者の部』川崎操(一橋大学附属図書館、一九六五年)
『国立国会図書館蔵書目録 社会科学』(国立国会図書館、一九七〇、七一年)2冊
『英仏独語訳社会科学文献翻訳目録』(国際文化会館図書室、一九七四年)
『最近十年間に於ける思想関係出版物総覧』安田新栄ほか(刀江書院、一九三三年)

『時局に関する図書目録』(帝国図書館、一九三七―四三年)6冊

政治

『政治法律洋書目録 2、政治関係その1』(国立国会図書館、一九六〇年)

『日本政治学文献目録』1―10 日本政治学会(福村出版、一九六七―七三年、東京大学出版会、一九七四―七六年)

『年報政治学』一九八三年― 文献リスト一九八二年― 日本政治学会(岩波書店、一九八四年―) 年刊

『国立国会図書館所蔵 主題別図書目録 昭和二十三年―四十三年 6、社会科学・政治・軍事』(日外アソシエーツ、一九八五年)

『政治学に関する雑誌文献目録 昭和二十三年―五十九年』(日外アソシエーツ、一九七八、八一、八七年)4冊

『政治・社会問題に関する雑誌文献目録 昭和二十三年―四十九年』(日外アソシエーツ、一九七八、八二年)3冊

『政治・政治問題に関する雑誌文献目録 昭和五十年―五十九年』(日外アソシエーツ、一九八七年)2冊

『政治・行政問題の本全情報 一九四五―二〇〇一年』(日外アソシエーツ、一九九八、二〇〇二年)2冊

『国立国会図書館所蔵 近代日本政治関係人物文献目録』国立国会図書館(紀伊國屋書店、一九八五年)

『憲政史編纂会収集文書目録 憲政資料室所蔵目録第1』(国立国会図書館、一九六〇年)

『議会政治文献目録 議会開設七十年記念』(国立国会図書館、一九六一年)

『議会制度文献目録』(参議院事務局、一九八〇年)

『選挙制度関係文献目録』(国立国会図書館、一九五六年)

『選挙研究 日本選挙学会年報 1、一九八六』選挙に関する文献目録 一九四五―一九六四 日本選挙学会(北樹出版、一九八六年)

『選挙・議会に関する雑誌文献目録 昭和二十三年―四十九年』(日外アソシエーツ、一九八四年)

『選挙・議会・政党に関する雑誌文献目録 昭和五十年―五十九年』(日外アソシエーツ、一九八七年)

『地方自治文献目録』(東京大学社会科学研究所政治実態研究会、一九五五年)

『地方自治・地方行政に関する雑誌文献目録 昭和二十三年―四十九年』(日外アソシエーツ、一九八二年)

『行政・地方自治・警察に関する雑誌文献目録 昭和五

十年—五十九年』(日外アソシエーツ、一九八七年)
『地方自治関係雑誌文献索引 件名編』(特別区協議会資料室、一九八七年)
『都市問題文献書誌』(ゆまに書房、一九九六—九七年)30冊
『都市問題の本全情報 一九四五—二〇〇三年』(日外アソシエーツ、一九九六、二〇〇四年)
『日本外交史関係文献目録、追補篇』英修道(慶応義塾大学法学研究会、一九六一、六八年)
『国連資料』(京都国連寄託図書館、一九六二—六五年)
『国際問題邦語文献目録』斉藤孝ほか(日本国際問題研究所、一九七四年)
『国立国会図書館所蔵 国際連盟・国際連合刊行資料目録』国立国会図書館参考書誌部(国立国会図書館、一九七一—七七年)4冊
『国際関係に関する雑誌文献目録 昭和二十三年—五十九年』(日外アソシエーツ、一九八一、八二、八七年)3冊
『国際関係図書目録 一九四五—二〇〇〇年』(日外アソシエーツ、一九九六—九七、二〇〇一年)9冊
『日中・日朝関係研究文献目録』石井正敏ほか(国書刊行会、一九七六年)
『列国の対支勢力滲透史文献目録』東亜研究所第四部(東亜研究所、一九四二年)
『アフリカ政治関係文献資料集成』浦野起央(アフリカ協会、一九六四—六九年)3冊
『ナショナリズム—研究動向と文献—』浦野起央(アサヒ社、一九六五年)
「天皇制 現代天皇制を理解するための文献と解説」横田耕一(『法学セミナー増刊』一九八六年五月号、日本評論社)
『近代日本政治関係人物文献目録』国立国会図書館参考書誌部(国立国会図書館、一九八五年)
『日本占領文献目録』(日本学術振興会、一九七二年)
「東京裁判・BC級戦争犯罪・戦争責任関係主要文献目録」住谷雄幸ほか(『思想』719号、一九八四年五月号、岩波書店)
『安保闘争関係文献・資料目録』(国立国会図書館、一九六〇年)
『安保闘争文献目録』国立国会図書館(湖北社、一九七九年)
『日米安全保障条約関係文献』(国立国会図書館、一九六〇年)
『自衛隊・駐留軍施設周辺地域関係蔵書目録』(防衛施

設庁図書館、一九六八年）
『警察関係図書目録』（井上三治、一九六五年）
『「特高月報」総目次集』小森恵（参考文献懇談会、一九六八年）
『原爆文献志』豊田清史（崙書房、一九七一年）
『原爆被災資料総目録』（原爆被災資料広島研究会、一九六九―七二年）3冊
『原爆被災学術資料センター　原爆関係蔵書目録』（広島大学原爆放射能医学研究所附属原爆被災学術資料センター資料調査室、一九八〇、八五、九〇年）3冊
『原爆手記掲載図書・雑誌総目録　一九四五―九九年』宇吹暁（日外アソシエーツ、一九九九年）

法　律

『明治時代法律書解題』西村捨也（酒井書店、一九六八年）
『法学文献総目録』1―3　法律時報編集部（日本評論社、一九七九―八〇年）3冊
『戦後法学文献総目録』法律時報編集部（日本評論社、一九五四―九六年）12冊
『国立国会図書館所蔵　主題別図書目録　昭和二十三年―四十三年　7、法律』（日外アソシエーツ、一九八五年）
『最高裁判所図書館　法律図書目録　和書の部』（最高裁判所図書館、一九六三―六六年）3冊
『最高裁判所図書館　法律図書目録　和書の部』増加1―6（最高裁判所図書館、一九六九―九四年）6冊
『法律関係雑誌記事索引』1号―（法務図書館、一九五二年―）
『邦文法律雑誌記事索引』一九五七年―（最高裁判所図書館、一九五八年―）
『法律判例文献情報』法律判例文献情報研究会（第一法規出版、一九八一年―）月刊　一九九一年よりCD―ROM
『法学関係不定期刊資料記事索引　和漢資料篇』（慶応義塾大学法学部図書委員会、一九六八年）
「法律時報文献月報」一九七九年十一月―（『法律時報』52巻1号、一九八〇年一月号―、日本評論社）月刊
『法律学・法制史に関する雑誌文献目録　昭和二十三年―五十九年』（日外アソシエーツ、一九八二、八七年）2冊
『日本国憲法に関する邦文文献目録　1、基本的人権および憲法改正』国立国会図書館参考書誌部（国立国会図書館、一九六九年）
『憲法に関する雑誌文献目録　昭和二十三年―五十九年』

（日外アソシエーツ、一九八二、八七年）2冊
『行政・行政法に関する雑誌文献目録 昭和二十三年―四十九年』（日外アソシエーツ、一九八二年）2冊
『行政法に関する雑誌文献目録 昭和五十年―五十九年』（日外アソシエーツ、一九八七年）
『家族法文献集成―戦後家族法学の歩み』 太田武男（京都大学人文科学研究所、一九六九年）
『日本法制史書目解題』上・下 池辺義象（大鐙閣、一九一八年）（日本図書センター複製、一九八二年）
『法制史文献目録 一九四五―八九年』 法制史学会（創文社、一九六二、八三、九七年）4冊
『法制史研究』36― 法制史文献目録 法制史学会（創文社、一九八七年―） 年刊

経済

『国立国会図書館所蔵 主題別図書目録 昭和二十三年―四十三年 8、経済・財政・統計』（日外アソシエーツ、一九八五年）
『日本経済典籍考』 滝本誠一（日本評論社、一九二八年）
『経済学文献大鑑』（大阪商科大学経済研究所、一九三四―三九年）4冊
『古版西洋経済書解題』 高橋誠一郎（慶応出版社、一九四三年）
『東京大学経済学部所蔵 明治文献目録』 太田重弘（東京大学経済学部、一九六九年）
『明治前期日本経済統計解題書誌 富国強兵篇 上の1』 細谷新治（一橋大学経済研究所、一九七六年）
『経済学参考文献』（国立国会図書館、一九五二年）
『経済学文献解題』 大阪市立大学経済研究所（日本評論新社、一九五七年）
『体系経済学重要文献案内』 永田正臣（柏林書房、一九五九年）
『経済学二次文献総目録』 経済資料協議会（有斐閣、一九七一年）
『経済学文献年報 1―6、別冊 昭和十二年―十九年』（文生書院複製、一九八四年）7冊
『経済法律文献目録』神戸高等商業学校商業研究所（ゆまに書房複製、一九八五年）2冊
『経済学に関する雑誌文献目録 昭和二十三年―五十九年』（日外アソシエーツ、一九八一、八二、八七年）3冊
『アジア経済関係文献目録』 アジア・アフリカ総合研究組織（アジア経済研究所、一九六八年）
『経済学文献季報』 経済資料協議会、学術情報センタ

ー(有斐閣→同朋舎→紀伊國屋書店、一九五六―二〇〇〇年) 季刊 →経済学文献索引データベース
「経済学文献月報」一九七九年―(『経済評論』29巻1号、一九八〇年一月号―、日本評論社) 月刊
『経済問題に関する雑誌文献目録 昭和二十三年―五十九年』(日外アソシエーツ、一九八四、八七年)4冊
『国際経済、貿易・国際収支に関する雑誌文献目録 昭和二十三年―四十九年』(日外アソシエーツ、一九八一、八二年)3冊
『国際経済・貿易・国際投資に関する雑誌文献目録 昭和五十年―五十九年』(日外アソシエーツ、一九八七年)2冊
『産業経済雑誌主要記事索引』昭和三十九―四十五年度 日本開発銀行中央資料室(日本図書館協会、一九六四―七〇年)7冊
『西洋経済史講座 5、史料・文献解題』大塚久雄ほか(岩波書店、一九六二年)
『経済史文献解題』昭和三十四年版― 大阪経済大学日本経済史研究所(日本評論社、清文堂出版→思文閣出版、一九六〇年―) 年刊
『経済史学入門』井上幸治ほか(広文社、一九六六年)
『日本経済史研究所蔵書目録』日本経済史研究所(大阪経済大学、一九六六年)
『日本経済史』第一文献―第六文献 本庄栄治郎(日本評論新社、一九三三―六九年)6冊
『経済史に関する雑誌文献目録 昭和二十三年―五十九年』(日外アソシエーツ、一九八〇、八七年)2冊
『日本経済分析文献索引』1― 一橋大学経済研究所日本経済統計文献センター(一橋大学経済研究所、一九六八年―)
『日本経済文献目録 1、社会保障一九四五―一九六七』一橋大学経済研究所日本経済統計文献センター(一橋大学経済研究所、一九六八年)
『大正期経済関係翻訳書目録』(関西大学経商資料室、一九八一年)
『邦文人口関係文献並資料解題』(総理府統計局図書館、一九五一年)
『人口問題関係文献目録』昭和二十―二十六年 日本ユネスコ国内委員会(日本学術会議、一九五二年)
『人口問題関係資料目録』昭和三十八年度収集分―(厚生省人口問題研究所、一九六五年―) 年刊
『経営学文献解説』平井泰太郎(千倉書房、一九三二年)
『経営の名著 その選びかた・学びかた』坂本藤良(経林

書房、一九六二年）
『日本経営史を学ぶ』1―3　日本経営史参考文献（有斐閣、一九七六年）3冊
「戦前昭和期の経営学関係文献」1―10　片岡信之（『龍谷大学経済経営論集』20巻4号―23巻2号、一九八一年三月―八三年九月）
「経営学文献目録」昭和五十六年十二月―（『ビジネスレビュー』30巻1号、一九八二年六月号―、一橋大学）季刊
『東京大学経済学部所蔵　地域経済資料目録―地方自治体資料を中心として―』（東京大学経済学部資料室、一九六八年）
『多国籍企業に関する文献目録』前田昇三（同朋舎、一九八七年）
『社史・経済団体史目録』（経済団体連合会、一九六一年）
『本邦会社史目録』金融経済研究所、大原社会問題研究所（金融経済研究所、一九六二年）
『東京大学経済学部所蔵　和書主題別目録　1、社史・実業家伝記目録』（東京大学経済学部、一九六四年）
『神戸大学経済経営研究所経営分析文献センター所蔵　社史目録』（神戸大学経済経営研究所、一九六五年）
『産業研究所所蔵　本邦会社・事業所・各種団体史目録』（関西学院大学産業研究所、一九六八年）
『本邦企業者史目録』（一橋大学産業経営研究所資料室、一九六九年）
『大阪商工会議所商工図書館所蔵　社史目録』（大阪商工会議所商工図書館、一九六九年）
『大阪府立図書館蔵　社史・経済団体史目録』（大阪府立図書館、一九七〇年）
『社史・人物伝目録』（京都産業大学、一九七〇年）
『東京商工会議所商工図書館所蔵　社史・団体史目録』（東京商工会議所商工図書館、一九七四年）
『横浜市立大学図書館所蔵　会社史・経済団体史目録』（横浜市立大学図書館、一九七四年）
『社史・経営者伝記目録』（経団連図書館・日本経営史研究所、一九八〇年）
『本邦会社史目録』（一橋大学産業経営研究所資料室、一九八一年）
『企業・団体情報事典』一九八一―八四年（日外アソシエーツ、一九八一―八四年）年刊
『企業・経済団体関係図書目録　一九四五―九三年』（日外アソシエーツ、一九九五年）
『神奈川県立川崎図書館所蔵　社史・労働組合史・実業家

伝記目録』（神奈川県立川崎図書館、一九八一年）
『社史・団体史目録』（関西大学経済・政治研究所、一九八二年）
『日本社史総合目録 一九八二』（横浜国立大学経営学部研究資料室、一九八二年）
『社史・団体史目録』（立命館大学経営学部、一九八五年）
『国立国会図書館所蔵 社史・経済団体史目録』（国立国会図書館、一九八六年）
『会社史総合目録』増補・改訂版（日本経営史研究所、一九九六年）

金融・会計

『国立国会図書館所蔵 主題別図書目録 昭和二十三年―四十三年 8、経済・財政・統計』（日外アソシエーツ、一九八五年）
『明治財政・経済史文献』大内兵衛ほか（岩波書店、一九三三年）
『会計学文献目録』（東北学院大学経理研究所、一九五五年）
『日本金融機関史文献目録』地方金融史研究会（全国地方銀行協会、一九六七年）
『日本税法学文献集』日本税法学会（三晃社、一九六八年）
『証券関係主要雑誌記事索引 昭和二十―五十四年』証券制度研究会（千倉書房、一九六九、八〇年）
『証券関係主要雑誌論文記事索引 昭和五十五―五十八年』証券図書館（日本証券経済研究所、一九八二―八四年）3冊
『証券関係文献目録』昭和五十九年― 証券図書館（日本証券経済研究所、一九八五年―）年刊
『会計学文献目録大集』（中央経済社、一九六九年）
『財政・経済政策に関する二十七年間の雑誌文献目録 昭和二十三年―四十九年』（日外アソシエーツ、一九八三年）3冊
『財政・租税に関する十年間の雑誌文献目録 昭和五十年―五十九年』（日外アソシエーツ、一九八七年）
『会計学文献目録 明治・大正・昭和前期』染谷恭次郎（中央経済社、一九八一年）
「会計学文献」昭和六十年十月―（『会計』129巻1号、一九八六年一月号―、森山書店）月刊
『通貨・金融、証券、保険に関する雑誌文献目録 昭和二十三年―五十九年』（日外アソシエーツ、一九八一、八二、八七年）4冊
『通貨・金融・保険の本全情報 一九七一―九八年』（日

外アソシエーツ、一九九八年）
『日本金融機関史文献目録』拝司静夫、牧村司郎（全国地方銀行協会、一九八四年）

統　計

『日本主要統計資料解題』（総理府統計局図書館、一九五〇年）
『総理府統計局図書館蔵書目録　和書の部』（総理府統計局図書館、一九五五年）
『明治以降都道府県統計書総合目録』（国立国会図書館、一九五八年）　昭和三十一年六月まで収録
『東南アジア統計資料目録』（アジア経済研究所、一九六〇年）
『都道府県統計刊行物目録』昭和三十四年度（行政管理庁統計基準局、一九六〇年）
『総理府統計局図書館蔵書目録　洋書の部』（総理府統計局図書館、一九六一年）
『一橋大学所蔵　統計資料目録』1―4（一橋大学統計資料整備センター、一九六〇―六三年）4冊
『マイクロフィルム版　明治年間府県統計書集成　解説・収録書総目録』（雄松堂フィルム出版、一九六四年）
『日本旧外地関係統計資料目録』（国立国会図書館、一九六四年）
『総理府統計局刊行資料総目録』（総理府統計局、一九六六年）
『民間統計調査資料一覧』（経済団体連合会、一九六八年）
『統計資料解題』内閣統計局（第一書房、一九七一年）
『都道府県統計書目録』（総理府統計図書館、一九八一年）
『統計・調査資料ガイド』吉田栄子（文眞堂、一九九九年）
『ビジネスデータ検索事典　データ＆Data 2003』日本能率協会総合研究所マーケティング・データバンク（日本能率協会、二〇〇三年）

社会学・社会問題

『日本社会主義文献―世界大戦（大正三年）に到る―』1　大原社会問題研究所（同人社書店、一九二九年）
『日本社会主義文献解説　明治維新から太平洋戦争まで』渡部義通ほか（大月書店、一九五八年）
「明治三十年代以後明治年代に出版された主たる社会学に関する著書」大道安次郎（『社会学論叢』37号、一九六七年四月号、日本大学）
『日本社会運動史研究史論―文献目録とその解説』一八九九―一九七九　小山弘健（新泉社、一九七六、七

九年)2冊
『社会運動・思想関係資料案内』小森恵(三一書房、一九八六年)
『社会学・社会思想に関する雑誌文献目録 昭和二十三年―五十九年』(日外アソシエーツ、一九八二、八七年)2冊
『社会論・文化論に関する雑誌文献目録 昭和二十三年―五十九年』(日外アソシエーツ、一九八四、八七年)2冊
『文科系文献目録 19、27 社会学編』(日本学術会議、一九六七、八二年)2冊
『社会学研究文献要覧 一九六五―七四年』(日外アソシエーツ、一九七五年)
『国立国会図書館所蔵 主題別図書目録 昭和二十三年―四十三年 9、社会・民俗・風俗・習慣』(日外アソシエーツ、一九八五年)
『社会学研究入門』綿貫譲治ほか(東京大学出版会、一九六八年)
『都市社会学に関する文献総合目録』東京都市社会学研究会(学術書出版会、一九七〇年)
『日本社会学史研究』下 日本社会学史文献年表 一九一六―一九五〇 河村望(人間の科学社、一九七五年)
『社会学文献辞典』見田宗介ほか(弘文堂、一九九八年)
『日本産業心理関係文献目録』日本応用心理学会産業心理部会(労働科学研究所、一九六三年)
『日本経済文献目録 1、社会保障』一九四五―一九六七(一橋大学経済研究所日本経済統計文献センター、一九六八年)
『社会事業雑誌目次総覧』1―14(日本図書センター、一九八七年)
『家族問題文献集成―戦後家族問題研究の歩み―』太田武男ほか(京都大学人文科学研究所、一九七〇年)
『住民運動に関する文献目録』東京都立中央図書館(日本図書館協会、一九八〇年)
『障害者関係総合図書目録 一九八三』(国際障害者年日本推進協議会、一九八三年)
『障害者福祉関係図書目録 一九九五―二〇〇四年』(日外アソシエーツ、二〇〇〇、〇五年)2冊
『児童福祉関係図書目録 一九四五―二〇〇四年』(日外アソシエーツ、一九九九、二〇〇五年)2冊
『社会保障に関する雑誌文献目録 昭和二十三年―五十九年』(日外アソシエーツ、一九八二、八七年)3冊

『社会保障年鑑』社会保障文献・資料　一九五一年版―（東洋経済新報社、一九五〇年―）年刊
『社会福祉論文目録』（日本社会事業大学附属図書館、一九八〇年）
『老人福祉関係所蔵図書資料目録』（長寿社会開発センター、一九九二、九三年）2冊
「福祉関係文献目録」（『調査と資料』38・39号、一九八一年三月、関西大学経済・政治研究所）
『高齢者問題の本全情報　一九八二―九九年』（日外アソシエーツ、二〇〇〇年）
『労働関係書誌の書誌』（専門図書館協議会関東地区協議会労働分科会、一九七〇年）
『本邦労働組合運動史目録』東京大学経済学部研究室（東京大学経済学部、一九六五年）
『日本社会労働運動家伝記目録』国立国会図書館参考書誌部（国立国会図書館、一九六六年）
『戦後労働関係文献目録』国立国会図書館支部労働省図書館（労務行政研究所、一九六四年）
『労働関係参考図書ユニオンカタログ』（専門図書館協議会関東地区協議会労働分科会、一九六六年）
『文献研究　日本の労働問題』増補版　労働問題文献研究会（総合労働研究所、一九七一年）
『労働関係文献索引』一九七二年版―（愛知県勤労会館、一九七三年―）年刊
『労働関係図書目録』愛知県勤労会館労働図書資料室（愛知県勤労会館、一九八〇年）
『労働問題に関する雑誌文献目録　昭和二十三年―五十九年』（日外アソシエーツ、一九八三、八七年）2冊
『労働運動に関する雑誌文献目録　昭和二十三年―四十九年』（日外アソシエーツ、一九八三年）2冊
『労働運動・労働組合に関する雑誌文献目録　昭和五十年―五十九年』（日外アソシエーツ、一九八七年）
『日本労働運動社会運動研究史　戦前・戦後の文献解説』小山弘健（三月書房、一九五七年）
「労働運動史文献目録」一九八二年―　是枝洋（『研究資料月報』一九八五年―、法政大学大原社会問題研究所、法政大学社会労働問題研究センター）
「労働関係文献資料目録」一九八五年十一月―（『日本労働協会雑誌』320号、一九八六年一月号―、法政大学大原社会問題研究所）月刊
『少年労働に関する文献抄録』（労働科学研究所、一九四三年）2冊
『青少年問題の本全情報　一九四五―二〇〇二年』（日外アソシエーツ、一九九八、二〇〇二年）

『明治大正婦人問題文献誌』藤田徳松(船南荘書屋、一九三〇年)
『婦人労働に関する文献抄録』(労働科学研究所、一九四一年)2冊
『日本婦人問題資料集成 10』近代婦人問題年表 丸岡秀子、山口美代子(ドメス出版、一九八〇年)
『婦人問題文献目録 図書の部』1—3 国立国会図書参考書誌部(国立国会図書館、一九八〇、八三、九五年)4冊
『日本女性研究基礎文献目録』内野久美子(学陽書房、一九八一年)
『日本女性史研究文献目録』女性史総合研究会(東京大学出版会、一九八三年、九四)3冊
『婦人・家庭・生活に関する雑誌文献目録 昭和二十三年—四十九年』(日外アソシエーツ、一九八三年)
『婦人・生活・住宅に関する雑誌文献目録 昭和五十年—五十九年』(日外アソシエーツ、一九八七年)
『女性・婦人問題の本全情報 一九四五—二〇〇二年』(日外アソシエーツ、一九九五、九九、二〇〇三年)3冊
『近代婦人雑誌目次総覧』1—15 近代女性史研究会(大空社、一九八五年)15冊
『アジア女性史文献目録』谷光隆(奈良女子大学東洋史学研究室、一九八四年)
『神奈川県立婦人総合センター婦人図書館所蔵 図書目録』(神奈川県立婦人総合センター、一九八五—八八年)4冊
『大気汚染に関する文献目録』1—(電力中央研究所、一九六三年—)
『公害関係文献目録』予備版(慶応義塾大学三田情報センター、一九六七年)
『公害関係図書目録』(全国市有物件災害共済会防災専門図書館、一九七二年—)
『労働災害・労働科学・労働条件に関する雑誌文献目録 昭和二十三年—四十九年』(日外アソシエーツ、一九八三年)
『労働災害・労働条件・賃金に関する雑誌文献目録 昭和五十年—五十九年』(日外アソシエーツ、一九八七年)
『サリドマイド裁判』1 サリドマイド裁判文献目録(同刊行委員会、一九七六年)
『東京大学新聞研究所所蔵 マス・コミュニケーション研究文献目録』(東京大学新聞研究所図書室、一九七〇年)

『マスコミ文献集大成』総合ジャーナリズム研究所(東京社、一九七四年)
『マスコミ文献大事典』1―3　藤岡伸一郎(日本図書センター、二〇〇三年)3冊
『図書・雑誌・ジャーナリズムに関する雑誌文献目録昭和二十三年―四十九年』(日外アソシエーツ、一九八二年)
『文化行政・出版・ジャーナリズムに関する雑誌文献目録 昭和五十年―五十九年』(日外アソシエーツ、一九八七年)
『マスコミ・ジャーナリズムの本全情報 一九四五―二〇〇一年』(日外アソシエーツ、一九九七、二〇〇一年)2冊
『日本出版関係書目 一八六八―一九九六』浅岡邦雄ほか(日本エディタースクール出版部、二〇〇三年)
『放送関係主要文献索引』昭和四十二年版―(日本放送連盟放送研究資料室、一九六八年―)
『放送関係文献総目録』(日本放送協会総合放送文化研究所、日本民間放送連盟放送研究所、一九六八年)(日外アソシエーツ復刻、一九八三年)2冊
『ミニコミの論理』ミニコミ論関係文献目録　香内信子ほか(学陽書房、一九七六年)
『ミニコミ総目録』住民図書館(平凡社、一九九二年)

教　育

『教育文献総合目録』国立教育研究所(大蔵省印刷局、一九五〇、五四年)2冊
『明治以降教育文献総合目録索引』国立教育研究所(大蔵省印刷局、一九五四年)
『文学・哲学・史学文献目録 7、教育学編』(日本学術会議、一九五八年)
『文科系文献目録 22、教育学篇』(日本学術会議第一部、一九七二年)2冊
『国定教科書内容索引 尋常科修身・国語・唱歌篇』国立教育研究所附属教育図書館(広池学園出版部、一九六六年)
『教育文献総合目録』1・2　国立教育研究所(小宮山出版、一九七六年)2冊
『教育文献総合目録 3、明治以降教科書総合目録 I、小学校篇』鳥居美和子(小宮山書店、一九六七年)
『教育文献総合目録 3、明治以降教科書総合目録 II、中等学校篇』鳥居美和子(小宮山書店、一九八五年)
『教育学関係参考文献総覧』加納正巳(帝国地方行政学会、一九七一年)
『教育学文献目録』(教育学関連学会、一九七二年)

『戦後教育問題研究総合文献目録』（神奈川県立教育センター、一九八〇年）
『国立国会図書館所蔵　主題別図書目録　昭和二十三年—四十三年　10、教育』（日外アソシエーツ、一九八五年）
『日本教育史文献目録稿　玉川大学図書館所蔵』（玉川大学図書館、一九六〇年）　江戸時代・明治時代収録
『日本近代教育史文献目録　1、総記・研究書』（国立教育研究所教育史料センター、一九六八年）
『教育史に関する文献目録並に解題』改訂版　石川松太郎（宣文堂書店、一九七四年）
『大正時代の教育ジャーナリズム』明治・大正・昭和（戦前）教育関係雑誌総覧稿　木戸若雄（玉川大学出版部、一九八五年）
『明治前期文部省刊行雑誌総目録』（国立教育研究所、一九六八年）
『教育雑誌主要論文索引』（東京都立教育研究所、一九七一年）
『教育索引　和文編』一九六四—八七年（国立教育研究所附属教育図書館、一九六四—九〇年）　一九八八年以降『教育研究論文索引』に移行
『教育研究論文索引』一九八八年版—　国立教育（政策）研究所（東京法令出版、一九九二年—）　年刊
『教育関係雑誌目次集成』1—101　教育ジャーナリズム史研究会（日本図書センター、一九八六—九四年）101冊
『教育学・教育問題に関する雑誌文献目録　昭和二十三年—四十九年』（日外アソシエーツ、一九七九、八〇年）2冊
『教育学・教育心理学に関する雑誌文献目録　昭和五十年—五十九年』（日外アソシエーツ、一九八七年）
『教育問題に関する雑誌文献目録　昭和五十年—五十九年』（日外アソシエーツ、一九八七年）
『教育・文化・宗教団体関係図書目録　一九四五—二〇〇三年』（日外アソシエーツ、一九九四、二〇〇四年）2冊
『児童教育の本全情報　一九七〇—九二年』（日外アソシエーツ、一九九三年）
『全国大学研究機関誌要覧—大学紀要・研究所報告—』（日本学術振興会、一九六八年）
『大学・学生問題文献目録　一九六八—一九六九年』（民主教育協会、一九七〇年）
『大学に関する欧文文献総合目録』横尾壮英ほか（学術書出版会、一九七〇年）
『戦後大学・学生問題文献目録』江上芳郎（教育研究振

興会、一九七一年）

『大学関係雑誌記事文献目録』1 昭和四十年―（早稲田大学企画室調査課、一九八一年―） 年刊

『社会教育関係文献目録』（国立社会教育研修所、一九七八―八五年） 年刊

『社会教育・生涯教育関係文献目録』（国立社会教育研究所、一九八五年―） 年刊

風俗・習慣・民俗学

『文学・哲学・史学文献目録 5、日本民俗学篇』（日本学術会議、一九五五年）

『綜合日本民俗語彙』民俗学研究所（平凡社、一九五五―五六年）5冊

『民俗学関係雑誌論文総目録』一九二五―一九五九年 日本民族学協会（誠文堂新光社、一九六一年）

『文科系文献目録 13、文化人類学篇』（日本学術会議、一九六二年）

『文化人類学研究文献要覧 一九四五―一九七四 戦後編』佐野眞（日外アソシエーツ、一九七九年）

『文化人類学・民俗学に関する雑誌文献目録 昭和五十―五十九年』（日外アソシエーツ、一九八七年）

『文化人類学の本全情報 一九四五―二〇〇一年』（日外アソシエーツ、一九九四、二〇〇二年）2冊

『日本民俗学の回顧と展望』日本民族学会（日本民族学協会、一九六六年）

『柳田文庫蔵書目録』同編集委員会（成城大学、一九六七年）

『日本民俗誌大系』日本民俗参考資料文献 鈴木通大ほか（角川書店、一九七六年）

『民俗学関係雑誌文献総覧』竹田旦（国書刊行会、一九七八年）

『日本民俗学文献総合目録』日本民俗学会（弘文堂、一九八〇年）

『民俗学文献解題』宮田登ほか（名著出版、一九八〇年）

『国立国会図書館所蔵 主題別図書目録 昭和二十三年―四十三年 9、社会・民俗・風俗習慣』（日外アソシエーツ、一九八五年）

「民俗関係出版物の所在に関する情報」（『国立民族学博物館国内資料調査委員調査報告集』7号、一九八六年六月号、国立民族学博物館情報管理施設）

『絵巻物による日本常民生活絵引』1―5、渋沢敬三、神奈川大学常民文化研究所（平凡社、一九八四年）6冊

『文化女子大学図書館蔵 服飾関係邦文文献目録』（文化

女子大学図書館、一九八五年）

国防・軍事

『防衛年鑑』国防・軍事関係図書目録及び雑誌記事索引　一九六九年版―（防衛年鑑刊行会、一九六九年―）　年刊

『太平洋戦争文献総覧』井門寛（歴研、二〇〇〇年）

『戦争文学通信』戦争文学文献目録　高橋隆治（風媒社、一九七五年）

『戦争責任論序論』戦争責任論参考文献表　大沼保昭（東京大学出版会、一九七五年）

『日本近代戦争文学史』日本近代戦争文学史年表、参考文献　竹長吉正（笠間書院、一九七六年）

『大東亜戦争書誌』福島鋳郎ほか（日外アソシエーツ、一九八一年）3冊

『戦時下の言論』福島鋳郎ほか（日外アソシエーツ、一九八二年）2冊

『国立国会図書館所蔵　主題別図書目録　昭和二十三年―四十三年　6、社会科学・政治・軍事』（日外アソシエーツ、一九八五年）

『国防・軍事に関する雑誌文献目録　昭和二十三年―五十九年』（日外アソシエーツ、一九八一、八七年）2冊

芸術

美術

『文科系文献目録　11、美学編』（日本学術会議、一九六一年）

『国立国会図書館蔵書目録　芸術・語学』（国立国会図書館、一九七四年）

『東洋美術文献目録　定期刊行物所載古美術文献』美術研究所（座右宝刊行会、一九四一―五四年）4冊

『日本東洋古美術文献目録』東京国立文化財研究所美術部（中央公論美術出版、一九六九年）

『仏教美術文献目録』一九六〇―六九年　ユネスコ東アジア文化研究センター（中央公論美術出版、一九七三年）

『浮世絵文献目録』針ケ谷鐘吉ほか（味燈書屋、一九七二年）

『日本染織文献総覧』後藤捷一（染織と生活社、一九八〇年）

『日本美術年鑑』美術文献目録　昭和二十八年版―（東京国立文化財研究所、一九五三年―）　年刊

『芸術・美術に関する雑誌文献目録　昭和二十三年―五十九年』（日外アソシエーツ、一九八三、八七年）4冊

冊
『国立国会図書館所蔵　主題別図書目録　昭和二十三年―四十三年　17、芸術・美術』（日外アソシエーツ、一九八五年）
『美学・美術史研究文献要覧　一九八五―九九年』（日外アソシエーツ、一九九六、九九、二〇〇二年）3冊
『美術関係雑誌目次総覧　明治・大正・昭和戦前篇』小林恵（国書刊行会、二〇〇〇年）
『画集・画文集全情報　一九四五―九〇年』（日外アソシエーツ、一九九一年）
『画集写真集全情報　一九九一―二〇〇一年』（日外アソシエーツ、一九九八、二〇〇二年）

音　楽

『浄瑠璃研究文献集成』日本演劇文献研究会（北光書房、一九四四年）
『音楽文化資料展覧会目録　解説つき』（国立国会図書館、一九五〇年）
『演奏家別洋楽レコード総目録』一九五七年―（音楽之友社、一九五七年―）年刊
『作曲家別洋楽レコード総目録』一九五八年―（音楽之友社、一九五八年―）年二回
『音楽文献要旨目録』1―20（RILM日本国内委員会、一九七三―九二年）年刊
『音楽文献目録』21―（音楽文献目録委員会、一九九三年―）年刊
『音楽関係逐次刊行物所在目録』一九七六年版　音楽図書館協義会（国立音楽大学附属図書館内音楽図書館協議会、一九七六年）
『本邦洋楽関係図書目録』改訂版　小川昂（音楽之友社、一九六五年）
『洋楽の本　明治期以降刊行書目、追補』小川昂（民主音楽協会・民音音楽資料館、一九七七、八五、八七年）
『洋楽索引』上・下　小川昂（民音音楽資料館、一九七五年）2冊
『音楽関係逐次刊行所在目録』一九九三年版（音楽図書館協議会、一九九二年）
『音楽関係新聞記事索引　一九七四―八七年』（NHK資料センター、一九七五―八八年）14冊　年刊
『音楽・演劇・芸能に関する雑誌文献目録　昭和二十三年―五十九年』（日外アソシエーツ、一九七八、八一、八七年）7冊
『国立国会図書館所蔵　主題別図書目録　昭和二十三年―四十三年　18、音楽・演劇・スポーツ』（日外アソシエ

ーツ、一九八五年）

演劇・映画

『日本映画文献書誌』明治大正期1、2、索引　牧野守（雄松堂、二〇〇三年）3冊
『日本映画書誌』山口竹美（映画評論社、一九三七年）
『映画文献史』岡田真吉（大日本映画協会、一九四三年）
『日本劇映画作品目録』（日本映画連合会、一九五六年）一九四五年から一九五五年まで収録
『日本劇映画作品目録』（日本映画製作者連盟、一九五八―七一年）
『日本劇映画作品目録』（日本映画製作者連盟、一九七二―八六年）年刊
『日本劇映画題名総覧　昭和二十―三十五年』（日本映画製作者連盟、一九六一年）
『日本映画索引』細谷勝雄（創栄出版、一九九三年）
『映画雑誌創刊号目録　大正篇、昭和篇、補遺篇』塚田嘉信（一九六五―六六年）3冊
『日本映画雑誌タイトル総覧』本地陽彦（ワイズ出版、二〇〇三年）
『日本映画文献史』今村三四夫（鏡浦書房、一九六七年）
『現代映画事典』現代映画参考文献　岡田晋ほか（美術出版社、一九六七年）
『事典　映画の図書』辻恭平（凱風社、一九八九年）
『東京国立近代美術館フィルムセンター所蔵映画目録　日本劇映画　二〇〇〇』（東京国立近代美術館、二〇〇一年）
『蔵書目録　付解題』（野上記念法政大学能楽研究所、一九五四年）
『日本演劇研究書目解題』河竹繁俊博士喜寿記念出版刊行会（平凡社、一九六五年）
『民俗芸能研究文献目録』早稲田大学演劇学会（早稲田大学文学部演劇研究室、一九七六年）
『日本演劇書目解題』正・続　藤野義雄（演劇出版社、一九八三、八五年）2冊
『近世演劇研究文献目録』近松の会（八木書店、一九八四年）
『演劇図書総目録　一九八六年』（同刊行会、一九八五年）
「演劇関係書目録ほか」早稲田大学坪内博士記念演劇博物館（『演劇年報』一九八三年―、早稲田大学出版部、早稲田大学坪内博士記念演劇博物館）年刊
『写真集全情報　一九四五―九〇年』（日外アソシエーツ、

一九九一年）

体育・スポーツ

『体育書解題』野口岩三郎（不昧堂、一九五三年）
『秩父宮記念スポーツ図書館蔵書目録』（国立競技場、一九六三年）
『オリンピック関係文献目録』（民放資料研究会、一九六四年）
『野球体育博物館蔵書目録』（野球体育博物館、一九六九年）
『体育学研究文献分類目録』谷村辰己（不昧堂出版、一九七〇、七五年）2冊
『文科系文献目録 24、体育学篇』上・下（日本学術会議、一九七七、七八年）2冊
『体育・スポーツに関する雑誌文献目録 昭和二十三年―五十九年』（日外アソシエーツ、一九八三、八七年）2冊
『スポーツの本全情報 一九四五―二〇〇二年』（日外アソシエーツ、一九九二、二〇〇三年）2冊
『山と書物』小林義正（築地書館、一九五七―六〇年）2冊
『山岳関係図書目録 和書 一九七五―八七年』野口恒雄ほか（日本山書の会、一九九一年）

諸芸・娯楽

『いけばな古今書籍一覧』小林鷺州（大日本華道会、一九二四年）
『華道文献目録』池坊学園短期大学図書館（池坊学園短期大学華道文化研究所、一九五七年）
『いけばなハンドブック』いけばな古書目録 細川護貞監修（東京美術、一九八五年）
『茶道雑誌小解』矢富巌夫（日本茶道雑誌保存会、一九七三年）
『近代茶道史の研究』近代茶道主要文献年表 熊倉功夫（日本放送出版協会、一九八〇年）
『郷土玩具文献解題』川口栄三（郷土玩具研究会、一九六六、七六年）2冊
『こけし事典』改訂版 土橋慶三ほか（岩崎美術社、一九八三年）
『日本人形玩具辞典』斎藤良輔（東京堂出版、一九六八年）

語　学

『言語関係関係書目』（山田房一、一九四二年）
『言語学文献綜合目録草案』（文部省学術文献綜合目録分科審議会、一九五〇年）

『言語学英語学関係書誌』一九六六　大塚高信ほか（大阪教育図書、一九六九年）
『国立国会図書館所蔵 主題別図書目録 昭和二十三年—四十五年 19、言語・語学』（日外アソシエーツ、一九八五年）
『言語学・国語学研究者著作目録一覧』（国立国語研究所図書館、一九九一年）

日本語

『国語学書目解題』東京帝国大学（吉川半七、一九〇二年）
『明治大正国語学書目解説』土井忠生（岩波書店、一九三二年）
『国字国語問題文献目録』平岡伴一（岩波書店、一九三二年）
『国語学書目解題』亀田次郎（明治書院、一九三三年）
『国語調査沿革資料 付諸外国における国語国字問題に関する文献目録』（文部省教科書局、一九四九年）
『国語関係刊行書目』（国立国語研究所、一九五〇年）一九四二年から一九四九年まで収録
『明治以降国語学関係刊行書目』国立国語研究所（秀英出版、一九五五年）
『文学・哲学・史学文献目録 6、国語学編』（日本学術会議、一九五七年）
『国語学書目解題』赤堀又次郎（勉誠社、一九七六年）
『国語学書目集覧』垣内松三ほか（国書刊行会、一九七六年）
『国語・言語学に関する雑誌文献目録 昭和二十三年—四十九年』（日外アソシエーツ、一九八〇年）
『国語・国語教育・言語学に関する雑誌文献目録 昭五十年—五十九年』（日外アソシエーツ、一九八七年）
『「日本語」の本全情報 一九四五—二〇〇二年』（日外アソシエーツ、一九九三、九八、二〇〇三年）3冊
『国語年鑑』第一部文献 国立国語研究所（秀英出版→大日本図書、一九八四年—）
『国語学研究文献索引 音韻篇、国語学史篇』国立国語研究所、国語学会（秀英出版、一九九四、九六年）2冊

英語ほか

『日本英語学書誌』荒木伊兵衛（創元社、一九三一年）
『英語教授法書誌』赤祖父茂徳（英語教授研究所、一九三八年）
『英語学文献総覧』山口秀夫（篠崎書院、一九五二年）
『英語学 研究と文献』市河三喜（三省堂、一九五六年）
『大阪女子大学蔵 日本英学資料解題』（大阪女子大学附

属図書館、一九六二年）

『現代英語教育講座　12、基本図書の解説』（研究社、一九七〇年）

『日本の英学百年　別巻』同編集委員会（研究社、一九六九年）

『英語年鑑』英語学・英米文学研究業績一覧　一九六六年版―（研究社、一九六六年―）　年刊

『外国語・外国語教育に関する雑誌文献目録　昭和二十三年―五十九年』（日外アソシエーツ、一九八一、八七年）2冊

『「外国語」の本全情報　一九四五―二〇〇四年』（日外アソシエーツ、一九九五、二〇〇〇、〇五年）3冊

『英米外来語の世界』外来語研究文献目録　飛田良文ほか（南雲堂、一九八一年）

『英米の辞書案内』永嶋大典（研究社、一九八五年）

文学

『文学・哲学・史学文献目録　2、13　西洋文学・語学編、同続編』（日本学術会議、一九五四、六一年）

『文科系文献目録　18、西洋文学・語学続々編』（日本学術会議、一九六六年）

『国立国会図書館所蔵　児童図書目録』国立国会図書館整理部（国立国会図書館、一九七一、七二年）2冊

『国立国会図書館所蔵　児童図書目録』国立国会図書館収集整理部（国立国会図書館、一九八四年）

『国立国会図書館所蔵　児童図書目録　一九八七―九一』国立国会図書館収集部（国立国会図書館、一九九二年）

『国立国会図書館蔵書目録　文学』（国立国会図書館、一九七六年）

『国立国会図書館所蔵　主題別図書目録　昭和二十三年―四十三年　20―22、文学Ⅰ　総記・日本文学　文学Ⅱ、Ⅲ　日本文学』（日外アソシエーツ、一九八五年）3冊

『国立国会図書館所蔵　主題別図書目録　昭和二十三年―四十三年　23、文学Ⅳ　外国文学』（日外アソシエーツ、一九八五年）

『明治初期翻訳文学の研究』柳田泉（春秋社、一九六一年）

『近代日本文学翻訳書目』国際文化会館（講談社インターナショナル、一九七九年）

『明治・大正・昭和　翻訳文学目録』国立国会図書館（風間書房、一九八四年）

『翻訳小説全情報　一九四五―二〇〇三年』（日外アソシエーツ、一九九四、九七、二〇〇一、〇四年）4冊

『S・F図書解説総目録 一九四六―七〇年 増補改訂版』上・下 石原藤夫(S・F資料研究会、一九八二、九六年)

『S・F図書解説総目録 一九七一―八〇年』上・下 石原藤夫(S・F資料研究会、一九八九、九一年)2冊

『戦後推理小説総目録』中島河太郎(日本推理作家協会、一九七五年)

『近代日本における西洋文学紹介文献書目 雑誌編』佐藤輝夫ほか(悠久出版、一九七〇年) 一八八五年から一八九八年まで収録

『比較文学研究文献要覧 一九四五―八〇年』富田仁(日外アソシエーツ、一九八四年)

『世界文学全集・内容綜覧』上・下(日外アソシエーツ、一九八六年)2冊

『世界文学全集・作家名総覧』上・下(日外アソシエーツ、一九八六年)2冊

『世界文学全集・作品名綜覧』上・下(日外アソシエーツ、一九八六年)2冊

『世界文学個人全集・内容綜覧』上・下(日外アソシエーツ、一九八七年)2冊

『世界文学個人全集・作品名総覧』上・中・下(日外アソシエーツ、一九八七年)3冊

『世界児童文学全集・作家名総覧』上・下(日外アソシエーツ、一九九九年)2冊

『世界児童文学全集・作品名総覧』上・下(日外アソシエーツ、一九九九年)2冊

『ロシア・東欧・北欧・ラテン・東洋文学に関する三十七年間の雑誌文献目録 昭和二十三年―五十九年』(日外アソシエーツ、一九八八年)

『黒人文学書誌』木内徹(鷹書房弓プレス、一九九四年)

日本文学

『日本文学書目解説』(岩波書店、一九三一年)

『国語国文研究雑誌索引』浪速高等学校(星野書店、一九三三年)

『日本文学書誌』石山徹郎(大倉広文堂、一九三四年) 古代から室町時代まで収録(図書刊行会複刻、一九八八年)

『国文学国語学文献解説 奈良時代―徳川時代末期』毛利昌(有朋堂、一九五三年)

『女流著作解題』(女子学習院、一九三九年)

『国語国文学論文総目録』昭和二十年八月―二十八年七月 斎藤清衛(至文堂、一九五四年)

『国文学研究書目解題』久松潜一博士還暦記念会(至文堂、一九五七年)
『国文学研究文献目録 昭和十六年―三十七年』(国文学研究資料館、一九八四年)
『国語国文学研究文献目録』昭和三十八―四十二年 東京大学国語国文学会(至文堂、一九六五―六九年)年刊
『国語国文学研究文献目録』昭和四十三―四十五年 同刊行委員会(至文堂、一九七一―七三年) 年刊
『国文学研究文献目録』昭和四十六―五十一年 国文学研究資料館(至文堂、一九七四―七九年) 年刊
『国文学年鑑』昭和五十二年― 国文学研究資料館(至文堂、一九七九年―) 年刊
『国文学研究資料館蔵マイクロ資料目録』一九七六年―(同館、一九七七年―)
『国文学研究資料館蔵 和古書目録 増加3―』(同館整理閲覧部、一九八六年―)
『国文学研究資料館蔵 逐次刊行物目録』一九八六年―(同館整理閲覧部、一九八六年―)
『国文学研究書目解題』市古貞次(東京大学出版会、一九八二年)
『国文学複製翻刻書目総覧』正・続 市古貞次ほか(日本古典文学会貴重本刊行会、一九八二、八九年)
『国語国文学資料索引総覧』国立国語研究所図書館(笠間書店、一九九五年)
『日本文学・語学研究英語文献要覧』吉崎泰博(日外アソシエーツ、一九七九年)
『文学・哲学・史学文献目録 1、日本文学篇』(日本学術会議、一九五二―五五年)2冊
『文科系文献目録 21、日本文学篇』(日本学術会議、一九六九年)
『日本文学研究文献要覧 一九六五―一九九九年』(日外アソシエーツ、一九七六―二〇〇二年)11冊
『作家名から引ける 日本文学全集案内』(日外アソシエーツ、一九八四年)
『日本の小説全情報 一九二七―二〇〇二年』(日外アソシエーツ、一九九一、九四、九七、二〇〇〇、〇三年)5冊
『全集・内容綜覧』上・下、第II期(日外アソシエーツ、一九八二、九三年)3冊
『全集・作家名綜覧』上・下、第II期(日外アソシエーツ、一九八二、九三年)3冊
『全集・作品名綜覧』上・下、第II期(日外アソシエーツ、一九八二、九三年)3冊

『個人全集・内容綜覧』 1―5(日外アソシエーツ、一九八四―八五年)5冊

『個人全集・作品名綜覧』 1―4(日外アソシエーツ、一九八五年)4冊

『個人全集・内容綜覧』 第II期 上・下(日外アソシエーツ、一九九四年)2冊

『個人全集・作品名綜覧』 第II期 1―3(日外アソシエーツ、一九九四年)3冊

『日本文学に関する十七年間の雑誌文献目録 昭和二十三年―三十九年』(日外アソシエーツ、一九八二年)3冊

『日本文学に関する十年間の雑誌文献目録 昭和五十年―五十九年』(日外アソシエーツ、一九八七年)5冊

「主要雑誌・紀要論文」昭和五十七年八月―(『国文学解釈と鑑賞』27巻14号、一九八二年十月号―、至文堂)

『国語国文学研究史大成』 全国大学国語国文学会研究史大成編集委員会(三省堂、一九五九―六九年)15冊

『古典文学研究必携』 市古貞次(学燈社、一九六七年)

『日本文学研究必携 古典編』 日本文学協会(岩波書店、一九五九年)

『日本文学研究入門』 麻生磯次ほか(東京大学出版会、一九五六年)

『日本文学研究入門』 新版 成瀬正勝ほか(東京大学出版会、一九六五年)

『近代日本文学大系 25、日本小説年表 付総目録』(国民図書、一九二九年)

『明治文学書目』 村上浜吉(飯塚書房、一九七六年)

『明治文学研究文献総覧』 岡野他家夫(冨山房、一九四四年)(一九七六年改訂版)

『近代日本文学を学ぶために ―近代日本文学研究文献綜覧―』 出口一雄(第一書店出版部、一九七六年)

『近代文学研究必携』 増補版 近代文学懇談会(学燈社、一九六三年)

『現代日本文芸総覧』 上・中・下、補巻 小田切進(明治文献、一九六九―七三年)4冊(一九九二年増補)

『現代日本文学大年表』 久松潜一ほか(明治書院、一九六八―七一年)3冊

『著者別書目集覧 近代作家80人』 川島五三郎ほか(八木書店、一九五九年)

『日本近代文学の書誌 明治編』 日本文学研究資料刊行会(有精堂出版、一九八二年)

『日本近代文学名著事典』 日本近代文学館(ほるぷ出版、一九八二年)

『読売新聞文芸欄細目』上・下　紅野敏郎(日外アソシエーツ、一九八六年)2冊
『日本プロレタリア文学書目』浦西和彦(日外アソシエーツ、一九八六年)
『日本SF年鑑　一九八六年版』同年鑑編集委員会(新時代社、一九八六年)
『ノンフィクション・ルポルタージュ図書目録』一九四五―二〇〇三年(日外アソシエーツ、一九九三―二〇〇四年)7冊
『読書案内・作品編　日本のエッセイ八〇〇〇冊』(日外アソシエーツ、一九九六年)
『日本戯曲総目録　一八八〇―一九八〇』加藤衛(横浜演劇研究所、一九八五年)
『シナリオ文献』増補改訂版　谷川義雄(矢口書店、一九八四年)
『明治全小説戯曲大観』高木文(聚芳閣、一九二五―二六年)2冊
『児童文学全集・内容綜覧、作品名綜覧、作家名綜覧』(日外アソシエーツ、一九九五年)2冊
『児童文学個人全集・内容綜覧、作品名綜覧』(日外アソシエーツ、一九九四―九五年)3冊
『児童文学書全情報　一九五一―二〇〇〇年』(日外アソシエーツ、一九九八、九九、二〇〇一年)3冊
『アンソロジー内容総覧　児童文学』(日外アソシエーツ、二〇〇一年)
『詩歌全集・内容綜覧、作品名綜覧、作家名綜覧』(日外アソシエーツ、一九八八年)6冊
『日本の詩歌全情報　一九二七―二〇〇〇年』(日外アソシエーツ、一九九二、九六、二〇〇一年)3冊
『大日本歌書綜覧』福井久蔵(不二書房、一九二六―二八年)3冊
『明治大正詩書綜覧』山宮允(啓成社、一九三四年)2冊
『現代詩誌総覧』編集委員会(日外アソシエーツ、一九九六―九八年)7冊
『明治大正歌書綜覧』小泉苳三(立命館出版部、一九四一年)
『俳句文学誌事典』安住敦ほか(文芸新聞社、一九六五年)
『啄木研究文献』吉田孤羊(明治文学談話会、一九三四年)
『文献石川啄木』斉藤三郎(青磁社、一九四二年)2冊
『藤村書誌』石川巌(大観堂書店、一九四〇年)
『与謝野晶子書誌』入江春行(創文社、一九五七年)

『上林暁文学書目』関口良雄(山王書房、一九六三年)
『萩原朔太郎書誌 昭和三十九年三月現在』(前橋市立図書館、一九六四年)
『太宰治研究文献ノート』別所直樹(図書新聞社、一九六四年)
『尾崎一雄文学書目』関口良雄(山王書房、一九六四年)
『書誌小林秀雄』吉田熙生ほか(図書新聞社、一九六七年)
『高見順書目』1 青山毅(高見晶子、一九七〇年)
『西条八十著作目録・年譜』同刊行委員会(西条八束、一九七二年)
『定本 三島由紀夫書誌』島崎博ほか(薔薇十字社、一九七二年)
『井伏鱒二文学書誌』改訂増補版 永田龍太郎(永田書房、一九八五年)
『逍遙書誌』修訂 滝田貞治(国書刊行会、一九七六年)
『開高健書誌』浦西和彦(和泉書院、一九九〇年)
『中島敦書誌』斎藤勝(和原書院、一九九七年)
『中野重治文庫目録』(福井県丸岡町民図書館中野重治文庫、一九八六年—)
『宮澤賢治作品・研究図書資料目録』(宮澤賢治記念館、一九八六年—) 年刊
『石川啄木文庫目録』(岩手県立図書館、一九八六年)
『藤村記念館文庫目録』(長野県山口村藤村記念館、一九八二年)
『森鷗外資料目録 二〇〇一年版』(文京区立鷗外記念本郷図書館、二〇〇一年)

中国文学・東洋文学

『支那文献の解題とその研究法』武田熙(大同館書店、一九三二年)
『文学・哲学・史学文献目録 3、東洋文学・語学編』日本学術会議(法蔵館、一九五四、五八年)2冊
『現代中国文学研究文献目録』一九一九—一九四五 飯田吉郎(中国文化研究会、一九五九年)
『現代中国文学研究文献目録』増補版 飯田吉郎(汲古書院、一九九一年)
『中国刊新聞雑誌所掲中国語学文学論文目録』一九五七年版— 天理大学人文学会(天理大学出版部、一九六〇年—)
『中国文学研究文献要覧 一九四五—七七年』吉田誠夫(日外アソシエーツ、一九七九年)
『現代 当代 日本における中国文学研究文献目録 一九

七七年―一九八五年』阿部幸夫、佐々木郁子（辺鼓社、一九八一、八三、八五年）3冊

英米文学ほか

『研究社英米文学評伝叢書』1―100、別3（研究社、一九三三―三九年）103冊
『明治・大正・昭和 邦訳アメリカ文学書目』福田なをみ（原書房、一九六八年）
『イギリス文学―案内と文献―』御輿員三（研究社、一九六八年）
『日本における英国小説研究書誌』宮崎芳三ほか（風間書房、一九七四、八〇、八五、八七年）4冊
『外国文学研究文献要覧 1、英米文学編 一九六五―七四年』安藤勝（日外アソシエーツ、一九七七年）
『英米文学研究文献要覧 一九四五―一九六四』安藤勝（日外アソシエーツ、一九九四年）
『英米文学研究文献要覧 一九七五―一九九九』安藤勝（日外アソシエーツ、一九八七、九一、九六、二〇〇一年）4冊
『英米文学に関する十七年間の雑誌文献目録 昭和二十三年―三十九年』（日外アソシエーツ、一九八三年）
『英米小説原題邦題事典』新訂増補版（日外アソシエーツ、二〇〇三年）
『フランス文学研究文献要覧 一九四五―七八年』杉捷夫（日外アソシエーツ、一九八一年）5冊
『フランス語フランス文学研究文献要覧』一九七九―二〇〇二年 日本フランス語フランス文学会（日外アソシエーツ、一九八七―二〇〇四年）13冊
『フランス語フランス文学専門家事典』（日外アソシエーツ、一九八五年）
『ドイツ文学研究文献要覧 一九四五―七七年』森本浩介（日外アソシエーツ、一九七九年）

専門資料所蔵館一覧

一、ここに掲げたものは、専門資料を所蔵する主な東京近郊の図書館・文庫などですが、一般公開している館と、教員の紹介などの許可を得れば閲覧可能な館を載せました。開館時間、休館日、利用方法等については直接照会して下さい。

二、なお、多くの図書館・文庫に、図書検索に便利なサイトがリンクされています。リンク集からも検索して下さい。

三、本書作成にあたり、『専門情報機関総覧 二〇〇三』(専門図書館協議会)、『出版年鑑＋日本書籍総目録 二〇〇四』(日本書籍出版協会、出版ニュース社)を参照しました。

図書館名	所蔵資料	所在地・電話番号
国立国会図書館	人文・社会・自然科学全般	一〇〇−八九二四 千代田区永田町一−一〇−一 三五八一−二三三一
東洋文庫	東洋、中国関係資料	一一三−〇〇二一 文京区本駒込二−二八−二一 三九四二−〇一二一
国立公文書館内閣文庫	幕府・明治政府蔵の古文書類	一〇二−〇〇九一 千代田区北の丸公園三−二 三二一四−〇六二一
総務省統計図書館	国勢調査統計資料	一六二−八六六八 新宿区若松町一九−一 五二七三−一一三二
環境省図書館	国土環境関係資料	一〇〇−八九七五 千代田区霞が関一−二−二 三五八一−三三五一
法務図書館	法律関係資料	一〇〇−八九七七 千代田区霞が関一−一−一 三五八〇−四一一一
農林水産省図書館	農林水産関係資料	一〇〇−八九五〇 千代田区霞が関一−二−一 三五九一−七〇九一
経済産業省図書館	通産・鉱工業関係資料	一〇〇−八九〇一 千代田区霞が関一−三−一 三五〇一−一五一一

財務省財務総合政策研究所財務省図書館	財政関係資料	一〇〇-八九四〇 千代田区霞が関三-一-一	三五八一-四一一一
文部科学省図書館	文教行政・科学技術関係	一〇〇-八九五九 千代田区丸の内二-五-一	五二五三-四一一一
厚生労働省図書館	厚生・労働関係資料	一〇〇-八九八六 千代田区霞が関一-二-二	五二五三-一七一一
外務省図書館	国際外交問題資料	一〇〇-八九一九 千代田区霞が関二-二-一	三五八一-三九一一
外務省外交史料館	外務省外交記録資料	一〇六-〇〇四一 港区麻布台一-五-三	三五八五-四五一一
国土交通省図書館	建設・交通関係資料	一〇〇-八九一八 千代田区霞が関二-一-二	五二五三-八三三三
工業所有権情報・研修館	工業所有権・特許関係資料	一〇〇-〇〇一三 千代田区霞が関三-四-三	三五〇一-五七六五
気象庁図書館	気象・水象・地象関係資料	一〇〇-八一二三 千代田区大手町一-三-四	三二一二-八三四一
宮内庁書陵部	朝廷歴代の集書、有職故実書	一〇〇-八一一一 千代田区千代田一-一	三二一三-一一一一
最高裁判所図書館	法律書・判例集等資料	一〇二-〇〇九二 千代田区隼町四-二	三二二一-八九七六
防衛庁防衛研究所図書館	帝国陸海軍の公文書・戦史史料	一五三-八六四八 目黒区中目黒二-二-一	三七九二-一〇九三
防災専門図書館	公害関係資料	一〇二-〇〇九三 千代田区平河町二-四-一 日本都市センター会館	五二一六-八七一六
東京都環境科学研究所資料室	公害・環境問題関係資料	一三六-〇〇七五 江東区新砂一-七-五	三六九九-一三三一
日本化学会化学情報センター	化学工業関係逐次刊行物	一〇一-〇〇六二 千代田区神田駿河台一-五	三二九二-六一七一
日本航空協会航空図書館	航空工学関係資料	一〇五-〇〇〇四 港区新橋一-一八-一航空会館	三五〇二-一二〇五
科学技術振興機構情報資料館	科学技術関係資料	一七六-〇〇七一 練馬区旭町二-八-一八	三九七六-四一四一
農文協図書館	農林水産関係資料	一七七-〇〇五四 練馬区立野町一五-四五	三九二八-七四四〇
東京国立博物館資料館	美術・工芸・考古学関係資料	一一〇-八七一二 台東区上野公園一三-九	三八二二-一一一一
国立歴史民俗博物館	歴史・考古学・民俗学関係資料	二八五-八五〇二 佐倉市城内町一一七	〇四三-四八六-〇一二三
昭和館図書室	昭和期の生活と戦争関係資料	一〇二-〇〇七四 千代田区九段南一-六-一	三二二二-二五七七

東京都江戸東京博物館図書室　江戸東京に関する資料　一三〇-〇〇一五　墨田区横網一-四-一　三六二六-九九七四

国立科学博物館図書室　自然科学・科学史資料　一六九-〇〇七三　新宿区百人町三-二三-一　三三六四-七一〇八

逓信総合博物館　電気通信・郵便関係資料　一〇〇-〇〇〇四　千代田区大手町二-三-一　三二四四-六八二一

交通博物館図書室　鉄道交通関係資料　一〇一-〇〇四一　千代田区神田須田町一-二五　三二五一-八四八一

NHK放送博物館図書室　放送関係資料　一〇五-〇〇〇二　港区愛宕二-一-一　五四〇〇-六九〇〇

日本民間放送連盟図書室　民放に関する放送関係資料　一〇二-〇〇九四　千代田区紀尾井町三-二三　文藝春秋ビル西館　五二一三-七七一一

新聞ライブラリー　主な新聞の創刊号から最新号まで　二三一-八三一一　横浜市中区日本大通一一　〇四五-九六一-二〇四一

著作権情報センター資料室　知的所有権関係資料　一六四-一四一一　新宿区西新宿三-二〇-二　五三五三-六九二一

紙の博物館図書室　和紙・洋紙関係資料　一一四-〇〇〇二　北区王子一-一-三　三九一六-二三二〇

印刷博物館　印刷関係資料　一一二-八五三一　文京区水道一-三-三　五八四〇-二三〇〇

印刷図書館　印刷・製本・出版関係資料　一〇四-〇〇四一　中央区新富一-一六-八　日本印刷会館　三五五一-〇五〇六

書道博物館　書道関係資料　一一〇-〇〇〇三　台東区根岸二-一〇-四　三八七二-二六四五

国立国語研究所　国語学関係資料　一九〇-八五六一　立川市緑町三五九一-二　〇四二-五四〇-四三〇〇

国立教育政策研究所教育図書館　教育関係資料　一五三-八六八一　目黒区下目黒六-五-二二　五七二一-五〇九九

早稲田大学坪内博士記念演劇博物館　演劇衣裳・錦絵・番付等資料　一六九-八〇五〇　新宿区西早稲田一-六-一　三二〇三-四一四一

野球体育博物館図書室　野球体育全般資料　一一二-〇〇〇四　文京区後楽一-三-六一　三八一一-三六〇〇

相撲博物館　相撲史資料　一三〇-〇〇一五　墨田区横網一-三-二八　三六二二-〇三六六

国立競技場秩父宮記念スポーツ図書館　体育学関係資料　一六〇-〇〇一三　新宿区霞岳町一〇-二　三四〇三-一一五九

日本山岳会資料室	山岳関係資料	一〇二-〇〇八一 千代田区四番町五-四 サンビューハイツ四番町 三二六一-四四三三
東京文化会館音楽資料室	音楽書・レコード・楽譜等資料	一一〇-八七一六 台東区上野公園五-四五 三八二八-二一一一
日本近代音楽館	音楽資料	一〇六-〇〇四一 港区麻布台一-八-一四 三二二四-一五八四
国際文化会館図書館	国際文化に関する資料	一〇六-〇〇三二 港区六本木五-一一-一六 三四七〇-三一一三
国際協力機構ＪＩＣＡ図書館	国際協力・開発援助関連資料	一六二-八四三三 新宿区市谷本村町一〇-五 三二六九-二三〇一
ラテン・アメリカ協会資料室	移民関係書および中南米諸国資料	一五〇-〇〇〇一 渋谷区神宮前二-六-一四 第二神宮前ビル 三四〇三-二六六一
アメリカンセンター資料室	アメリカ議会文書・日米関係資料	一〇五-〇〇一一 港区芝公園二-六-三 ＡＢＣ会館 三四三六-〇九〇一
東京ドイツ文化センター図書館	ドイツ一般資料	一〇七-〇〇五二 港区赤坂七-五-五六 ドイツ文化会館 三五八四-三二〇三
東京ゲーテ記念館	ゲーテ関係資料	一一四-〇〇二四 北区西ケ原二-三〇-一 三九一八-〇八二八
日仏会館図書室	フランス一般資料	一五〇-〇〇一三 渋谷区恵比寿三-九-二五 五四二一-七六四三
イタリア文化会館図書室	イタリア美術・文学関係資料	一〇二-〇〇七四 千代田区九段南二-一-三〇 三二六四-六〇一一
日本ロシア語情報図書館	ロシア・旧ソ連一般資料	一五六-〇〇五二 世田谷区経堂一-一一-二 三四二九-八二三九
アジア経済研究所図書館	アジア発展途上国の経済事情資料	二六一-八五四五 千葉市美浜区若葉三-二-二 〇四三-二九九-九七一六
アジア・アフリカ図書館	アジア・アフリカの言語・歴史・文化資料	一八一-〇〇〇四 三鷹市新川五-一四-一六 〇四二二-四四-四六四〇
中近東文化センター図書館	中近東の歴史・社会・文化資料	一八一-〇〇一五 三鷹市大沢三-一〇-三一 〇四二二-三二-七一一一
日本点字図書館	点字図書・録音図書関係資料	一六九-八五八六 新宿区高田馬場一-二三-四 三二〇九-〇二四一

社会経済生産性本部生産性資料室　生産性・経営学関係資料　一五〇-八三〇七　渋谷区渋谷三-一-一　三四〇九-一一五二

市政専門図書館　都市問題関係資料　一〇〇-〇〇一二　千代田区日比谷公園一-三　三五九一-一二六四

東京銀行協会銀行図書館　経済・金融関係資料　一〇〇-八二一六　千代田区丸の内一-三-一　五二五二-三七八七

東京商工会議所経済資料センター　商工業・社史・統計関係資料　一〇〇-〇〇〇五　千代田区丸の内三-二-二　三二八三-七六九〇

国立社会保障・人口問題研究所図書室　社会保障・人口問題関係資料　一〇〇-〇〇〇一　千代田区内幸町二-二-三　日比谷国際ビル　三五九五-二九八四

東京いきいきらいふ推進センター情報資料室　社会福祉と長寿社会関連資料　一六二-〇八二三　新宿区神楽河岸一-一　三二三五-一一八七

労働政策研究・研修機構労働図書館　労働関係資料　一七七-八五〇二　練馬区上石神井四-八-二三　五九九一-五〇三二

東京都労働資料センター　労働事情・労働運動関係資料　一六四-〇〇一三　中野区弥生町二-四一-一七　五三四〇-一五二一

日本建築学会図書館　建築学関連資料　一〇八-八四一四　港区芝五-二六-二〇　三四五六-二〇一九

住まいの図書館　和洋住宅インテリア関係資料　一五一-八〇七〇　渋谷区代々木二-一-一　新宿マインズタワー　五三五二-三四五七

土木図書館　土木工学関係資料　一六〇-〇〇〇四　新宿区四谷一　外濠公園内　三三五五-三五九六

自動車図書館　自動車に関する資料　一〇五-〇〇一二　港区芝大門一-一-三〇　五四〇五-六一三九

旅の図書館　ＪＴＢ資料　一〇〇-〇〇〇五　千代田区丸の内一-八-二　第二鉄鋼ビル　三二一四-六〇五一

伝統芸能情報館図書閲覧室　伝統芸能に関する資料　一〇二-八六五六　千代田区隼町四-一　三二六五-六三〇〇

新国立劇場情報コーナー　現代舞台芸術関係資料　一五一-〇〇七一　渋谷区本町一-一-一　五三五二-五七一六

松竹大谷図書館　江戸以降の演劇・映画関係資料　一〇四-〇〇四五　中央区築地一-一三-一　ＡＤＫ松竹スクエア　五五五〇-一六九四

お茶の水図書館　女性に関する資料、成簣堂文庫　一〇一-〇〇六二　千代田区神田駿河台二-九　三二九四-二二六六国立女性教育会館女性教育情報センター　女性および家族に関する資料　三五五-〇二九二　埼玉県比企郡嵐山町菅谷七二八　〇四九三-六二-六七一一

東京ウィメンズプラザ図書資料室　女性問題に関する資料　一五〇-〇〇〇一　渋谷区神宮前五-五三-六七　五四六七-一七一一

市川房枝記念会図書室　女性参政権運動関係資料　一五一-〇〇五三　渋谷区代々木二-二一-一一　三三七〇-〇二三八

神奈川県立かながわ女性センター図書室　女性問題・女性労働関係資料　二五一-〇〇三六　藤沢市江の島一-一一-一　〇四六六-二七-二一一一

三康文化研究所附属三康図書館（大橋図書館旧蔵書）　明治文学・児童文学資料　一〇五-〇〇一一　港区芝公園四-七-四　三四三一-六〇七三

東書文庫　教育・教科書資料　一一四-〇〇〇五　北区栄町四八-二三　三九二七-三六八〇

教科書図書館　教科書に関する資料　一三五-〇〇一五　江東区千石一-九-二八　五六〇六-四三一四

大宅壮一文庫　ジャーナリズム・風俗・文化資料　一五六-〇〇五六　世田谷区八幡山三-一〇-二〇　三三〇三-二〇〇〇

国際子ども図書館　内外の児童書および関連資料　一一〇-〇〇〇七　台東区上野公園一二-四九　三八二七-二〇五三

東京子ども図書館資料室　児童書および関係資料　一六五-〇〇二三　中野区江原町一-一九-一〇　三五六五-七七一一

東京都立多摩図書館児童・青少年資料サービス　児童図書・児童関係資料　一九〇-〇〇二二　立川市錦町六-三-一　〇四二-五二四-七一八六

東京都現代美術館美術図書室　現代美術に関する資料　一三五-〇〇二二　江東区三好四-一-一　五二四五-四一一一

東京都写真美術館図書室　写真映像に関する資料　一五三-〇〇六二　目黒区三田一-一三-三　三二八〇-〇〇三一

東京国立近代美術館フィルムセンター図書室　映画に関する資料　一〇四-〇〇三一　中央区京橋三-七-六　三五六一-〇八二三

現代マンガ図書館　マンガ関係書　一六二-〇〇四一　新宿区早稲田鶴巻町五六五　三二〇三-六五二三

丸善本の図書館　欧米諸国の目録・索引等の書誌　一〇〇-八二〇三　千代田区丸の内一-六-四　丸善丸の内本店内　五二八八-八八八七

大東急記念文庫	和漢古写本古写経、古版本	一五八-八五一〇 世田谷区上野毛三-九-二五 三七〇三-〇六六二
静嘉堂文庫	漢籍、国語国文学資料	一五七-〇〇七六 世田谷区岡本二-二三-一 三七〇〇-二二五〇
国文学研究資料館・史料館	国語国文学関係資料・地方史料	一四二-八五八五 品川区豊町一-一六-一〇 三七八五-七一三一
俳句文学館	近代俳句資料	一六九-〇〇七三 新宿区百人町三-二八-一〇 三三六七-六六二一
日本近代文学館	近代文学関係資料	一五三-〇〇四一 目黒区駒場四-三-五五 三四六八-四一八一
東京都立中央図書館東京室	東京に関する郷土資料	一〇六-八五七五 港区南麻布五-七-一三 三四四二-八四五一
同 特別文庫室	江戸後期の和漢書・東京誌料	同右
東京都公文書館	東京都の近世文書史料	一〇五-〇〇二二 港区海岸一-一三-一七 五四七〇-一三三四
東京都文京区立鷗外記念本郷図書館	森鷗外関係資料	一一三-〇〇二二 文京区千駄木一-二三-四 三八二八-二〇七〇
神奈川近代文学館	神奈川県中心の近代文学資料	二三一-〇八六二 横浜市中区山手町一一〇 〇四五-六二二-六六六六
神奈川県立図書館ベストセラーズ文庫・戦時文庫	明治以降ベストセラーズ、戦意高揚図書資料	二二〇-〇〇〇四 横浜市西区紅葉ケ丘九-二 〇四五-二四一-三一三一
神奈川県立川崎図書館社史コレクション	会社史・団体史・組合史・実業家伝記文庫	二一〇-〇〇一一 川崎市川崎区富士見二-一-四 〇四四-二三三-四五三七
横浜開港資料館	幕末開港関係資料	二三一-〇〇二一 横浜市中区日本大通三 〇四五-二〇一-二一〇〇
神奈川県立金沢文庫	中世の歴史・文化資料	二三六-〇〇一五 横浜市金沢区金沢町一四二 〇四五-七〇一-九〇六九
東京大学法学部明治新聞雑誌文庫	明治大正期の新聞・雑誌および研究資料	一一三-八六五四 文京区本郷七-三-一 五八四一-三一七一
東京大学外国法文献センター	海外の法令・判例集	同右
東京大学社会情報研究所	情報学・ジャーナリズム研究資料	同右
東京外国語大学アジア・アフ	アジア・アフリカ地域の言語・歴	一八三-八五三四 府中市朝日町三-一一-一 〇四二-三三〇-五六〇〇

リカ言語研究所　史・民族関係資料

横浜市立大学図書館三枝博音文庫　哲学・技術史関係資料　二三六−〇〇二七　横浜市金沢区瀬戸二二−二　〇四五−七八七−二〇七六

同　地方史文庫　国、県、市町村誌(史)資料　同右

青山学院大学図書館　明治基督教関係資料コレクション　一五〇−八三六六　渋谷区渋谷四−四−二五　三四〇九−七八五八

跡見学園女子大学短期大学部図書館　百人一首関係資料コレクション　一一二−八六八七　文京区大塚一−五−二　三九四一−九一〇二

神奈川大学日本常民文化研究所　歴史・民俗学関係資料　二二一−八六八六　横浜市神奈川区六角橋三−二七−一　〇四五−四八一−五六六一

埼玉大学共生社会研究センター　旧住民図書館資料、NGO・NPO活動資料　三三八−八五七〇　さいたま市桜区下大久保二五五　〇四八−八五八−三一一五

慶応義塾大学三田メディアセンター福沢文庫　福沢諭吉、慶応義塾関係資料　一〇八−八三四五　港区三田二−一五−四五　三四五三−四五一一

国際基督教大学図書館内村鑑三記念文庫　内村鑑三著作および関係資料　一八一−八五八五　三鷹市大沢三−一〇−二　〇四二二−三三−三三六八

昭和女子大学近代文庫　近代文学関係資料　一五四−八五三三　世田谷区太子堂一−七−五七　三四一一−五一二八

成城大学民俗学研究所柳田文庫　日本民俗学関係資料　一五七−八五一一　世田谷区成城六−一−二〇　三四八二−九〇九七

明治大学博物館刑事部門　江戸時代刑罰文書資料　一〇一−八三〇一　千代田区神田駿河台一−一　三二九六−四四四八

法政大学沖縄文化研究所　南島の文化と言語に関する資料　一〇二−八一六〇　千代田区富士見二−一七−一　三二六四−九四六五

法政大学大原社会問題研究所　社会、労働問題関係資料　一九四−〇二九八　町田市相原町四三四二　〇四二−七八三−二三〇五

学習院大学史料館　大名・公家などの近世文書資料　一七一−八五八八　豊島区目白一−五−一　三九八六−〇二二一

キ

ケ

索　引

ア

イ

エ

オ

カ

斉藤　孝（さいとうたかし）
1928年東京に生まれる．1953年東京大学文学部西洋史学科卒業．学習院大学名誉教授．社会学博士．2011年逝去．
主要著書に『第二次世界大戦前史研究』（東京大学出版会），『スペイン戦争』（中央公論社），『戦間期国際政治史』（岩波書店），『昭和史学史ノート』（小学館），『国際政治の基礎』（有斐閣），『ヨーロッパの1930年代』（岩波書店），『歴史の感覚』（日本エディタースクール出版部），『歴史学へのいざない』（新曜社）などがある．

西岡達裕（にしおかたつひろ）
1966年名古屋に生まれる．1990年学習院大学法学部政治学科卒業．桜美林大学教授．政治学博士．
主要業績に「原子爆弾の投下の決定」（斉藤孝編『二十世紀政治史の諸問題』彩流社），「原爆外交，一九四五年」（日本国際政治学会編『国際政治』第118号），『アメリカ外交と核軍備競争の起源　1942-46』（彩流社）などがある．

学術論文《がくじゅつろんぶん》の技法《ぎほう》　新訂版《しんていばん》

1977年8月5日　第1版第1刷発行
1988年5月20日　増補版第1刷発行
1998年1月28日　第2版第1刷発行
2005年5月10日　新訂版第1刷発行
2021年5月17日　新訂版第6刷発行

著者　斉藤孝　西岡達裕

発行者　日本エディタースクール出版部
〒101-0061　東京都千代田区神田三崎町2-4-6
電話　(03)3263-5892
FAX　(03)3263-5893
http://www.editor.co.jp/

印刷・製本／精興社
ISBN 4-88888-352-1